croatia

最新版 クロアチアへ
——アドリア海の素敵な街めぐり

小坂井真美

はじめに

　ロマンチックな海辺の街、いにしえの記憶を語る数々の遺跡、神秘的な湖と森、心休まるのどかな風景、どこかノスタルジックな内陸部の街々……実にさまざまな表情で旅人を楽しませてくれるクロアチア。一度この国を訪れた旅人は「また必ず戻ってきたい」と口を揃えます。この国には訪れる人の心を惹きつけてやまない何かが存在します。

　自然との調和、人と人とのつながり、ゆったりと流れる時間、お金では買えない心の豊かさ、人生にとって本当に大切なもの　　　　。近年急速に経済成長をとげているクロアチアですが、現在社会が失いつつある、たくさんの大切なものが今なお残されています。

　旅人の心を惹きつけるのは美しい海や街並みだけではありません。この国に住む人々のあたたかさも大きな魅力のひとつ。言葉が思うように通じない旅人の心細ささえも、気さくで親切な人々の笑顔とやさしさがそっと包んでくれます。

　旅を終え日常に戻った時、クロアチアで目にした風景、そして旅先で出逢った人々との思い出が、あたたかな気持ちにさせてくれることでしょう。

　多くの方にとって、旅はいつまでも心のなかで輝き続ける思い出なのではないでしょうか。一生に一度かもしれないクロアチアの旅。だからこそ、一生忘れることのない、素敵な旅にしていただきたいという想いを胸に、日々クロアチアで観光に関わる仕事をしています。本書にはそんな私の願いをいっぱい詰め込みました。

　本書を通して、みなさんにとって最高の旅の思い出づくりのお手伝いができればうれしいです。

Contents

002	はじめに
005	クロアチア MAP ＆クロアチア基本情報
006	クロアチア旅のポイント
008	クロアチア旅・モデルプラン
010	クロアチアの歴史
012	エリア MAP

Dubrovnik ドブロブニク

024	碧い海に抱かれる、アドリア海の真珠
026	ドブロブニク街歩きおすすめルート
041	column クロアチアの刺繍
042	column おいしいクロアチア
053	column クロアチア人のコーヒーの時間
054	伝統と自然が息づくコナブレ地方へ
056	クロアチアでのステイ
060	・日帰り旅・ コルチュラ島／コトル（モンテネグロ）／モスタル（ボスニア・ヘルツェゴビナ）

Split スプリット

070	過去と現代が交差する不思議の街
086	スーパーで買えるクロアチアみやげ
088	・日帰り旅・ トロギール／フヴァル島／シベニク／ザダル／ビシェボ島（青の洞窟）

Zagreb ザグレブ

102	古きよきヨーロッパの薫り漂う首都
104	1日でザグレブを満喫しよう
119	column ネクタイに秘められたラブストーリー
120	食卓を彩るクロアチアのワイン
132	・日帰り旅・ プリトヴィッツェ湖群国立公園、ラストケ村／リュブリャナ（スロヴェニア） ブレッド（スロヴェニア）／ポストイナ、シュコツィアン洞窟群（スロヴェニア）

Rovinj ロヴィニ

150	ロマンチックな港町
152	フォトジェニックなロヴィニ
162	・日帰り旅・ モトブン／グロジュニャン／ポレチュ

166	クロアチア旅のヒント
171	旅に役立つクロアチア語
172	Index
174	おわりに

※本書掲載データは2025年1月現在のものです。店舗の移転・閉店、価格改定などにより、実際と異なる場合があります

※クロアチアの観光地では、季節や月により営業時間・定休日が大きく変動する店もあります。また年により冬季休業の期間が異なる場合もあるのでご注意ください

※本書ではとくに記述がない限り、夏季は4〜10月頃、冬季は11〜3月頃を指します

※本書掲載のクロアチアの電話番号は市外局番を含む番号です（国番号は「385」）。なお、スロヴェニアの国番号は「386」、ボスニア・ヘルツェゴビナは「387」、モンテネグロは「382」です

赤白青の三色は1848年にイェラチッチ総督が用いて以来、クロアチアの国旗、国民カラーとして愛されてきたもの。その中央に国章を配している。赤白の市松模様は「シャホヴニツァ(Šahovnica)」(クロアチア語で「チェス盤」の意味)、その上の5つの紋章は左から中央クロアチア、ドブロブニク、ダルマチア、イストラ、スラヴォニアの地域を表す。

》クロアチア基本情報

正式国名	クロアチア共和国(Republika Hrvatska)
面積	5万6,594km²(九州の約1.5倍)
首都	ザグレブ(Zagreb)
人口	385万9700人(2023年)
宗教	ローマ・カトリック(約90%)、セルビア正教、ほか
民族	クロアチア人(91.6%)、セルビア人(3.2%)、ほか(2021年)
公用語	クロアチア語
通貨	ユーロ(€／EUR 本書内では€で表記) 1€＝163円(2025年1月現在)
日本との時差	8時間(サマータイム期間*は7時間)

*サマータイムは毎年3月最終日曜午前2時から、10月最終日曜午前3時まで。

クロアチア旅のポイント

クロアチア観光のシーズン

　クロアチアの観光シーズンは4〜10月。なかでもアドリア海が美しく輝き天気に恵まれる確率が高い5〜9月上旬は、クロアチア観光に最高の時期です。観光立国であるクロアチアがもっとも多くの観光客でにぎわうのは7月、8月の夏のバカンス期間。とくにこの時期はアドリア海沿岸エリアのホテルの予約が取りづらいため、旅程が決まり次第、すぐに予約することをおすすめします。
　一方11〜3月にかけては観光オフシーズンとなり、とくにダルマチア地方とイストラ半島エリアの観光地では、冬季休業に入るレストランやお店、ホテルが多くなり、街中は閑散とします。ですが、混雑知らずで街本来の姿をのんびり楽しむことができるのが、冬ならではの魅力。11月末から12月にかけての時期は、とくに首都のザグレブはきらびやかなイルミネーションに彩られて、クリスマスマーケットが開催され、楽し気な雰囲気に包まれます。

どの街も見どころはコンパクト!

　クロアチアはどの街も見どころがコンパクトにまとまっています。主要な観光スポットは基本的に徒歩で、半日〜1日あれば網羅できるようなサイズ感。その街に到着さえしてしまえば、あとはのんびり観光を楽しめます。さらに、スロヴェニアやボスニア・ヘルツェゴビナ、モンテネグロなど隣国の街にもアクセスがよく日帰り旅も可能なので、拠点の街を決めてバリエーションに富んだ旅ができるのも、クロアチア旅の醍醐味です。

©Luca Sartoni

国内移動は
長距離バスが便利

　限られた時間で効率よく、たくさんのスポットをめぐるならやはり車が便利ですが、公共交通機関を利用するなら、国内移動方法はバス・鉄道・飛行機のいずれかとなります（P.167参照）。ルートにもよりますがクロアチア国内旅行でもっとも一般的な移動方法は、本数が多く便利で値段もお手頃な長距離バス。日本では鉄道の方が早くて便利なイメージがあるかもしれませんが、クロアチアでは鉄道網があまり発達しておらず「バスと同じ値段（あるいは高い）なのに、バスより移動時間がかかる」ということがめずらしくありません。

　一度の旅行でいろいろな街を見てみたいという人には、ベースとする（宿泊する）街を1～2か所に絞り、日帰りで周辺の街を訪れるプランがおすすめです。宿を移動しなくてよいため、限られた時間でも比較的のんびりと旅を楽しむことができます。

　なお、ザグレブ～ドブロブニク間を一気に移動する場合は、長距離バスでは8時間半～12時間半かかるため、国内線の利用を強くおすすめします。

> **周辺諸国と組み合わせた旅もおすすめ！**
>
> 本書でも紹介しているスロヴェニア、ボスニア・ヘルツェゴビナ、モンテネグロのほか、オーストリアやイタリアへのアクセスも良好です。

タイプ別にご提案！
クロアチア旅・モデルプラン

スルジ山から見る、アドリア海とドブロブニクの街は絶景！

らくらく王道プラン
ザグレブ＆ドブロブニク満喫の旅

短い旅行日数で、ゆったりと楽しみつつ、クロアチアの有名どころをしっかり押さえたい人におすすめ。宿泊地をザグレブとドブロブニクの2都市に絞るため、宿の移動が少なくラクで効率よい。

Plan A

1日目	日本発 → ザグレブ着（ザグレブ泊）
2日目	ザグレブ観光（ザグレブ泊）
3日目	ザグレブから日帰りでプリトヴィッツェまたは近郊都市へ（ザグレブ泊）
4日目	朝、ザグレブ → ドブロブニクへ国内線で移動（飛行時間：約55分） 到着後、ドブロブニク観光（ドブロブニク泊）
5日目	ドブロブニク観光、または近郊都市へ日帰り旅行（ドブロブニク泊）
6日目	帰国の途へ

いつもにぎやかなザグレブのイェラチッチ広場。

2度目のクロアチア旅におすすめ！
ザグレブ＆ロヴィニを拠点にゆったり旅

まだあまり日本人旅行者に知られていないイストラ半島にスポットライトを当てたプラン。ザグレブとロヴィニを拠点に、イストラ半島やスロヴェニア観光も楽しみたい人におすすめ。

Plan B

1日目	日本発 → ザグレブ着（ザグレブ泊）
2日目	ザグレブからプリトヴィッツェへ日帰り観光（ザグレブ泊）
3日目	ザグレブからスロヴェニアへ日帰り観光（ザグレブ泊）
4日目	ザグレブ観光（ザグレブ泊）
5日目	朝、ザグレブ → ロヴィニに移動（約3〜4時間）（ロヴィニ泊）
6日目	ロヴィニ観光（ロヴィニ泊）
7日目	ロヴィニから近隣都市に日帰り観光（ロヴィニ泊）
8日目	ロヴィニ → ザグレブに移動（ザグレブ泊）
9日目	帰国の途へ

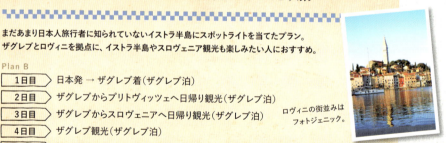

ロヴィニの街並みはフォトジェニック。

プリトヴィッツェ湖群国立公園は大小16の湖と無数の滝がある世界遺産。

〜アドリア海を満喫!〜

ドブロブニク&スプリットを拠点にゆったり旅

スプリットは古代ローマ時代の遺跡そのものが街になっている。

真夏のクロアチアで、アドリア海を存分に満喫したい人におすすめ。

Plan C

1日目	日本発→ドブロブニク着(ドブロブニク泊)
2日目	ドブロブニク観光(ドブロブニク泊)
3日目	ドブロブニクから近隣都市に日帰り観光(ドブロブニク泊)
4日目	朝、ドブロブニク→スプリットへ移動(長距離バス=約4〜5時間、高速船=約4時間25分〜5時間55分)(スプリット泊)※
5日目	スプリット観光(スプリット泊)
6日目	スプリットから日帰り観光(スプリット泊)
7日目	スプリットから日帰り観光(スプリット泊)
8日目	帰国の途へ

ドブロブニクからアクセスしやすい、モンテネグロの古都コトル。

※道路が混雑しがちな夏の観光シーズン中は渋滞知らずの船が便利
※専用車やレンタカーを利用して、ドブロブニク〜スプリット間の移動途中に隣国ボスニア・ヘルツェゴビナのモスタルに立ち寄るルートもおすすめ

〜よくばりプラン〜

4都市をめぐる盛りだくさんの旅

一度の旅でクロアチアじゅうをくまなくめぐりたい人におすすめ。

Plan D

1日目	日本発 → ザグレブ着(ザグレブ泊)※1
2日目	朝、ザグレブ → ロヴィニへ移動(ロヴィニ泊)※2
3日目	ロヴィニ → ザグレブに移動、ザグレブ観光(ザグレブ泊)
4日目	朝、ザグレブ → プリトヴィッツェへ移動、プリトヴィッツェ観光 午後、スプリットへ移動(スプリット泊)※3
5日目	スプリット観光(スプリット泊)
6日目	スプリット → ドブロブニクへ移動(ドブロブニク泊)
7日目	ドブロブニク観光(ドブロブニク泊)
8日目	帰国の途へ

建物の間から、ちらりちらりと青い海がのぞくロヴィニ。

冬は観光オフシーズンだが、12月のザグレブはクリスマスのイベントで大にぎわいになる。

※1 日本からの到着地(または逆ルートをたどる場合は日本への出発地)をトリエステやヴェネチアなど、イタリアの都市にするとさらに効率がよくなる。ロヴィニはイタリアに近く、トリエステ〜ロヴィニ間はバスで2時間45分〜3時間15分、ヴェネチア〜ロヴィニ間は高速船で2時間45分〜3時間45分

※2 ザグレブ〜ロヴィニ間の移動に車を利用すると、ザグレブから日帰りでロヴィニ観光ができるほか、イストラ半島の都市を短時間で効率よくまわれる

※3 日程に余裕があればプリトヴィッツェに1泊して、翌日以降にザダルやシベニク、トロギールなどをめぐりつつ南下していき、スプリットを目指す方法も

🇭🇷 クロアチアの歴史

クロアチア王国を築いたトミスラブ王の像（ザグレブ中央駅前のトミスラブ広場）。

周辺の列強間の境界地域に位置し、常に大国に翻弄され続けてきたクロアチア。その影響は今日の街並みや文化にも見ることができるため、ザックリでも歴史を頭の片隅に入れておくと、旅はもっと楽しくなるはず！
歴史は、大きく分けてオーストリア・ハンガリー帝国に影響を受けてきた内陸部（パンノニア*1）と、ビザンツ帝国、ヴェネチア共和国に影響を大きく受けてきたアドリア海沿岸部（ダルマチア、イストラ）で異なります。

クロアチア王国の建国とラグーザ共和国

紀元前には、イリュリア人が定住していた現在のクロアチアの地。紀元前4世紀頃にはギリシア人が進出*2し、アドリア海初のギリシア植民地*3が築かれます。紀元前1～3世紀頃にはローマ人が進出し、現在のバルカン半島の多くの地域がローマ帝国*4ダルマチア属州に。395年にローマ帝国が東西に分裂すると、パンノニアは西ローマ帝国、ダルマチアは東ローマ帝国（ビザンツ帝国）*5に継承されます。

現在のクロアチア人の祖先となるスラブ人がバルカン半島へ南下してきたのは6世紀のこと。7世紀初頭にはアドリア海沿岸に定住、8世紀にはクロアチアの北部や島にも広がり、9世紀にはキリスト教を受け入れます*6。

925年にトミスラブ王がローマ教皇から戴冠し、パンノニアとダルマチアを統一してクロアチア王国を建国、初代国王に。11世紀になるとヴェネチア共和国の侵攻でザダルなど海岸線の都市が支配下におかれます。さらに12世紀には婚姻関係にあったハンガリー王国の一員となり、内陸部を中心に1918年までハンガリーに従属することに。

1358年、現在のドブロブニクに当たる地域がハンガリー王国から独立し、ラグーザ共和国が誕生。地理的な利点を活かし、地中海貿易で大いに発展。ヴェネチアに並ぶアドリア海の都市国家として、クロアチアのほかの町とは異なる歴史を歩みました。1806年にナポレオンの侵攻を受け降伏するまでの約450年間にわたり、小さくとも一独立国として自由を守り抜いたことは、今でもドブロブニクの人々にとっての誇りです。

オスマン帝国の侵攻からナポレオンの時代

1453年に東ローマ帝国が滅亡すると、オスマン帝国がバルカン半島に侵攻し、現在のセルビア、ボスニア・ヘルツェゴビナ、アルバニアを征服・併合。クロアチアも幾度となくオスマン帝国に攻め込まれるものの支配は免れます。「西欧キリスト教世界をイスラム勢力から守った最前線」に位置した国のひとつであり、クロアチア各地には当時築かれた城塞などが数多く存在します。

1699年に、オスマン帝国とオーストリア、ヴェネチアなどとの間でカルロヴィッツ条約が締結されると、クロアチア北部の一部がハプスブルク帝国（オーストリア）の支配下に。ハプスブルク帝国はクロアチアに軍事国境地帯*7を設置し、セルビア人を国境警備兵として入植させます。

18世紀にはオスマン帝国が衰退しはじめ、1797年にヴェネチア共和国、1808年にラグーザ共和国、1809年にオーストリア帝国がそれぞれナポレオンに降伏。シェーンブルン条約によりダルマチア沿岸はフランス帝国領イリュリア州となりますが、1815年にワーテルローの戦いでナポレオン軍が敗れると、フランス第一帝政は崩壊。ウィーン議定書により、ドブロブニクを含むダルマチアはオーストリア帝国へと併合されました。

ユーゴスラビアの誕生

1848年革命によりウィーン体制が崩壊し、「諸国民の春」が到来。それまで抑圧されてきた民族のナショナリズムが一気に高まります。1918年に第一次世界大戦が終結しオーストリア・ハンガリー帝国が消滅すると、同年12月に南スラブ人による新しい国家「セルビア人・クロアチア人・スロヴェニア人王国」(1929年「ユーゴスラビア *8 王国」に改名)が誕生。しかし、第二次世界大戦中の1941年にユーゴスラビア王国はドイツ・イタリアに占領され、クロアチアのファシズム政党「ウスタシャ」主導のもと、ナチス・ドイツの傀儡国家「クロアチア独立国(NDH)」が誕生。一方でチトー率いるパルチザン運動(反ファシズム)がはじまります。1945年の終戦でナチス・ドイツの降伏に伴い、クロアチア独立国は消滅、「兄弟愛と統一」をスローガンに南スラブ人の国「ユーゴスラビア連邦人民共和国」*9 が成立します。やがてクロアチアの民族主義的な動きが再燃し、1971年にセルビア人による中央集権に対する抗議運動(民族運動)「クロアチアの春」が起こりますが、各連邦構成国の権限の強化を認める内容の新憲法が制定され事態は収拾。しかし、1980年に求心力のあったチトー大統領が死去すると統率を失っていきます。

ユーゴスラビアからの独立と内戦

1991年6月25日にクロアチアはユーゴスラビアからの独立を宣言し、同年10月8日に正式に離脱。初代大統領にフラニョ・トゥジマンが就任しました。しかし、独立を認めないセルビア主導の連邦政府とクロアチアとの対立が激化し、クロアチア国内各地で連邦軍対セルビア人との内戦 *10 が勃発。同年12月にはクロアチア領内に住むセルビア人勢力が、クロアチアの3分の1を占める領土に「クライナ・セルビア人共和国」を建国しますが、クロアチアは1995年5月の「稲妻作戦」や8月の「嵐作戦」などを経てセルビア人勢力を攻撃、クライナ・セルビア人共和国を壊滅させます。これに伴いクロアチア領内を追われたセルビア系住民は約30万人にものぼります。1995年にアメリカが調停役を担ったデイトン合意により終戦、98年には東スラヴォニアがクロアチアに復帰しました。

2013年7月には28か国目のEU加盟国となり、2023年には通貨にユーロを導入しシェンゲン圏に加盟しました。

*1:現在のクロアチア、スロヴェニア、オーストリア、ハンガリーなど各国にまたがる地域

*2:フヴァル島(P.92)のスタリー・グラード平原(世界遺産)は古代ギリシア人によって築かれた町

*3:古都トロギール(P.88)も紀元前3世紀に古代ギリシア人によりつくられた植民都市

*4:スプリットには、ローマ皇帝ディオクレティアヌスが造った宮殿(P.70)がある

*5:ポレチュのエウフラシウス大聖堂(P.165)は当時のビザンツ様式を今に伝える建物

*6:スラブ人へのキリスト教布教活動を行ったキュリロスとメトディオスが考案したグラゴール文字(P.106)がクロアチアでも使われるようになる

*7:後の「クライナ・セルビア人共和国」の起源となり、1991~95年の戦争の大きな火種に

*8:クロアチア語、スロヴェニア語、セルビア語などで「南スラブ人の土地、国」という意味

*9:構成国はクロアチア、スロヴェニア、ボスニア・ヘルツェゴビナ、セルビア、モンテネグロ、北マケドニアの6つの共和国と、コソボ、ヴォイヴォディナの2つの自治州

*10:クロアチアでは「クロアチア独立戦争」あるいは「祖国戦争」と呼ぶ

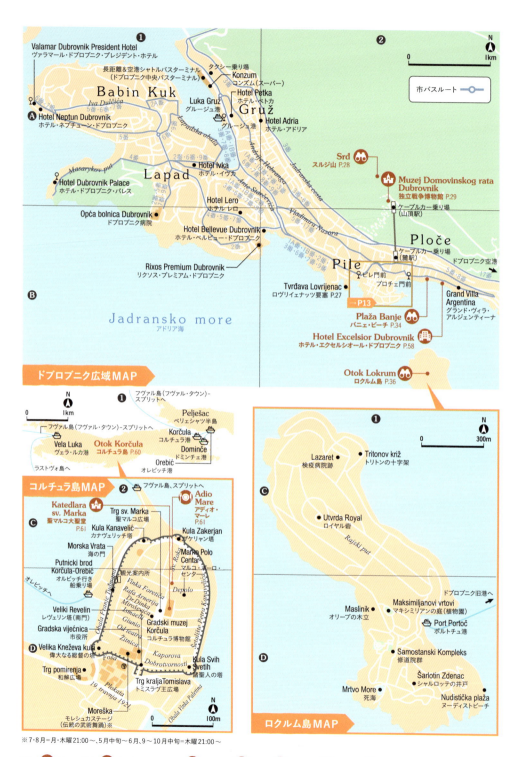

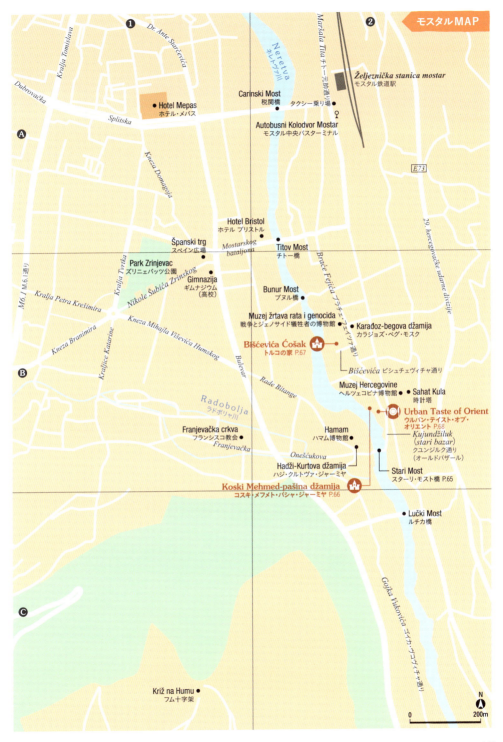

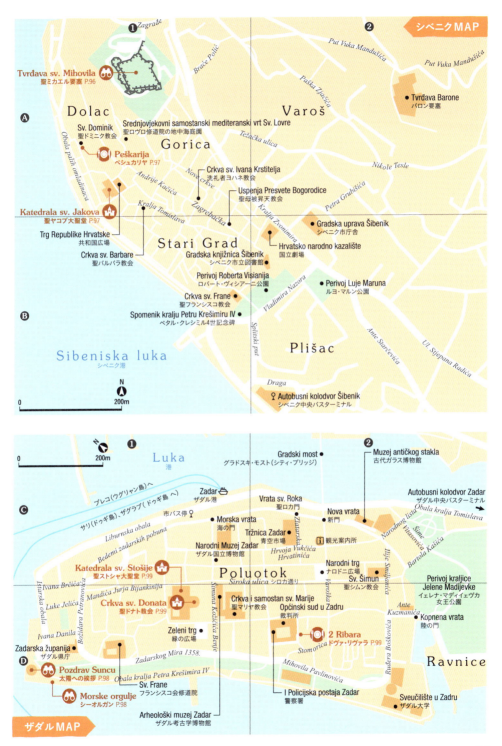

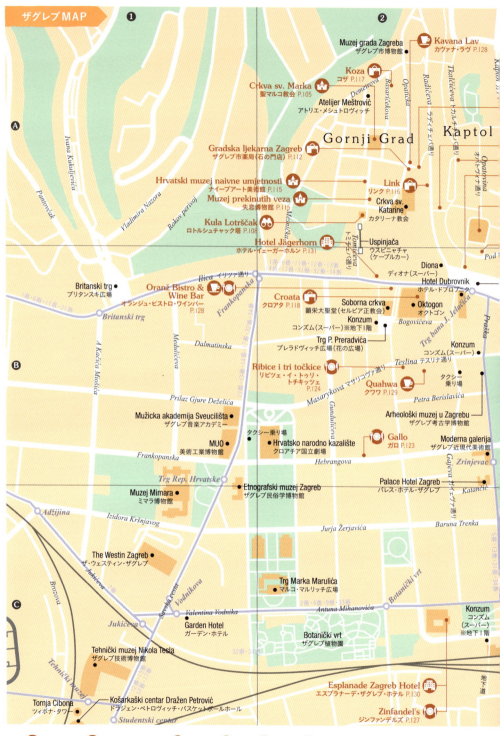

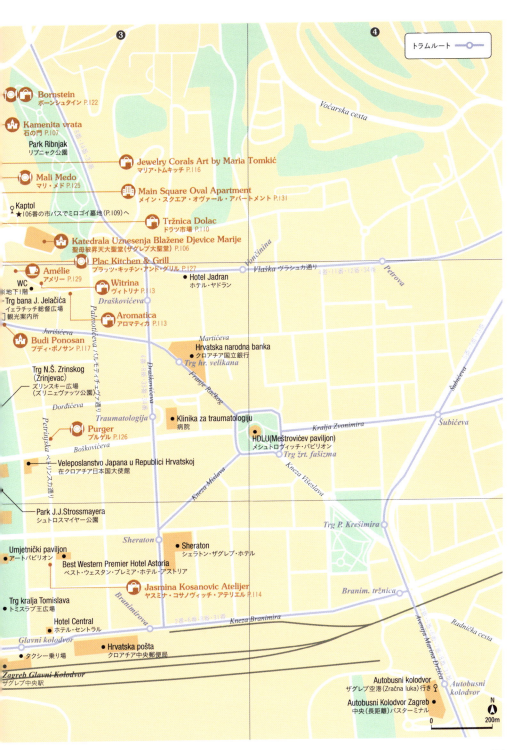

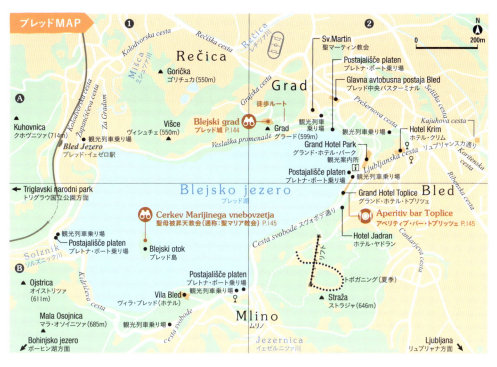
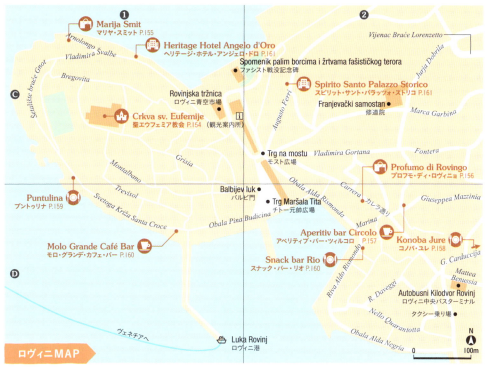

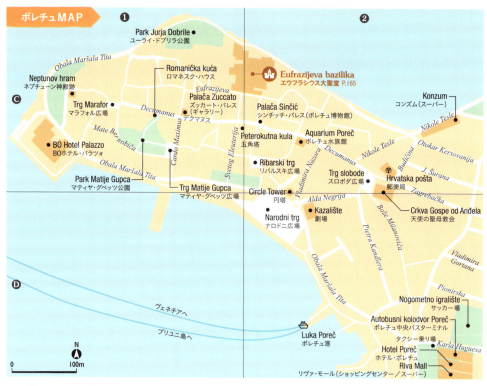

Dubrovnik
ドブロブニク

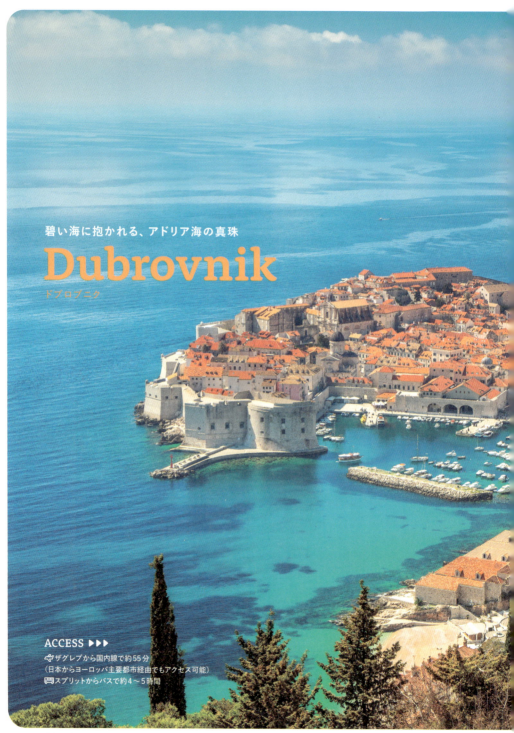

碧い海に抱かれる、アドリア海の真珠
Dubrovnik
ドブロブニク

ACCESS ▶▶▶
✈ ザグレブから国内線で約55分
（日本からヨーロッパ主要都市経由でもアクセス可能）
🚌 スプリットからバスで約4～5時間

オレンジ色の屋根瓦と青く輝くアドリア海のコントラストが美しい、ドブロブニク旧市街。 © Rudi1976 | Dreamstime.com

「地上で楽園を探す者は、ドブロブニクへおいでなさい」——これはアイルランドの劇作家バーナード・ショーが残した言葉です。地上の楽園、アドリア海の真珠など、数々の言葉で称賛される世界遺産の街、ドブロブニク。クロアチアの最南に位置するこの小さな街は、何百年にもわたり多くの人々を魅了し続けてきました。

開放的な空とアドリア海、そして堅固な城壁に周りをぐるっと囲まれたドブロブニク旧市街。城壁のなかにはオレンジ色の屋根瓦の民家や商店、さまざまな時代に建てられた教会や修道院など、たくさんの歴史的建造物がひしめき合っています。その美しい様子はまるで宝石箱のよう。

中世の面影が濃く残るこの街では、にぎやかなメインストリートを離れてひっそりとした石畳の路地裏を歩くと、何百年も昔にタイムスリップしたかのような錯覚に一瞬とらわれます。陽だまりでくつろぐ猫、風に揺れる洗濯物、元気いっぱいサッカーボールを追いかける子どもたち、階段に腰をかけておしゃべりに興じる地元の人たち……ゆったりとした時が流れる裏路地では、幸せそうな人々の暮らしを垣間見ることができます。

誇り高き自由の街

「世界中の黄金をもってしても、自由は売らず」とは、旧市街にあるロブリイェナツ要塞(P/27)の入り口上部にラテン語で刻まれた街の精神。自由をこよなく愛する誇り高きドブロブニクの民は、かつて海洋国家「ラグーザ共和国」として地中海貿易で栄え、ビザンツ帝国、ヴェネチア共和国、オスマン帝国と、強国が入れかわり立ちかわり次々と周辺地域を支配していくなか、19世紀にナポレオンに支配されるまでの約450年間独立を貫き、巧みな外交手法と難攻不落の城壁で独立都市国家としての自由を守り続けてきました。

1667年の大地震を含め、幾度もの試練を乗り越えてきましたが、1991年にクロアチア独立戦争がはじまると、その戦火はドブロブニクにも。街は数千発の砲弾を浴び、7割以上の建物が破壊され、炎と悲しみに包まれました。5年後に終戦を迎え、その後人々の努力により街は元通りの美しい姿と平和を取り戻しました。

🇭🇷 ドブロブニク街歩きおすすめルート

ドブロブニクは街歩きがとっても簡単な町。
いわゆる観光スポットは基本的に城壁に囲まれた旧市街に収まっており、道に迷う心配もありません。
ここではおすすめのドブロブニクの町のまわり方をお伝えします！

START!

ピレ門の上の像はドブロブニクの守護聖人「聖ヴラホ」。

1 ピレ門に続く石の橋。かつては夜になると外敵から街を守るため橋桁が上がるに跳ね橋だった。

2 オノフリオの大噴水。待ち合わせ場所にもぴったり。

3 城壁散策は、とくに夏の暑い時期は朝一の涼しい時間帯がおすすめ。

1667年に発生した大地震での大きな被害を免れ、地震前の姿を今日に伝えるスポンザ宮殿。

5

4 グンドリッチ広場の青空市場は毎日12時頃まで。

6

1715年にバロック様式で建て直された聖ヴラホ教会。もともとあった14世紀のロマネスク様式の教会は1706年の火災で焼失した。

7

15世紀に総督が執務を行う邸宅として建てられた総督邸。かつての執務室や評議会サロンの部屋も公開されている。

8

かつてラグーザ共和国の繁栄を支えた旧港。

026

旧市街の西にあるロヴリイェナツ要塞は37mの崖の上に建つ。

1日の最後はスルジ山で！

旧市街の出入り口はプロチェ門、ブジャ門、ピレ門の3か所のみ。スタートはぜひメインゲートのピレ門から！クロアチアの町にはそれぞれ守護聖人がいますが、ドブロブニクは聖ヴラホ。門の上の聖ヴラホが出迎えてくれます。城壁内に入ってまず目に留まるのはオノフリオの大噴水。住民の新鮮な飲み水を確保するため1438年に造られ、今でも12km離れた水源から流れ出る冷たい水が多くの人々の身と心を癒してくれます。朝のうちに城壁散策（左下参照）を終えたらカフェでひと休み。

ピレ門近くのフランシスコ会修道院（P.31）を見学して、目抜き通りのプラツァ通りを300mほど歩くとルジャ広場。近くには青空市場が開かれているグンドリッチ広場があります。野菜や果物のほか、ラベンダーのポプリやリキュール、ドブロブニク名物のオレンジピールやアーモンドの砂糖漬けなど、おみやげにもなるアイテムも。さらに近くの大聖堂（P.30）、ルジャ広場に面したスポンザ宮殿へ。ここは16世紀に建てられ、かつて税関や知識人が集うサロンとして利用されました。現在は重要な歴史的文書などを保管する資料館で、クロアチア独立戦争に関する展示も行われています。広場の反対側にあるのが、守護聖人を祀る聖ヴラホ教会。その斜め向かいにある総督邸はラグーザ共和国の総督が公務を行っていた建物で、現在は文化歴史博物館として利用されています。

総督邸の脇にある石のゲート（ポンテ門）を出ると旧港が見えます。現在の港はグルージュ港へと移転しましたが、今でもロクルム島やツァブタット行きの船、エクスカーションの船が発着する港としてにぎわっています。ドミニコ会修道院（P.32）を見学したら、ランチタイム。その後ショッピングやそぞろ歩きを楽しみましょう。バニェ・ビーチ（P.34）から景色を眺めたり、体力に余裕のある人はロヴリイェナツ要塞へ。そしてスルジ山（P.28）山頂からドブロブニクの絶景を堪能し、のんびりとした時間を過ごしてくださいね。

🔭 空中散歩気分で散策しよう！
Gradske zidine 城壁 D

旧市街を囲む城壁は長さ約1980m、高さは最高で25m。城壁の上を歩けばオレンジ色の屋根瓦の街と青いアドリア海を一望でき、まるで空中散歩のような気分を楽しめます。ミンチェッタ要塞や聖イヴァン要塞、見張り塔などが築かれ、何世紀にもわたりドブロブニクの町を守り続けてきました。建設がはじまったのは8世紀頃、現在の姿になったのは15〜16世紀の大工事の後です。

城壁への出入り口はピレ門、プロチェ門、聖イヴァン要塞の近くの3か所。1時間程度で1周できますが、ゆっくり満喫するなら2時間はみておきたいところ。時間がない人は、プロチェ門付近の入口からピレ門付近の出口までを歩く山側の半周コースがおすすめ。なお、城壁の上は反時計まわりの一方通行です。

☎ 020-638-800
◎【4〜10月】8:00〜閉門時刻は時期により異なる［17:00(10/15〜31)、17:30(10/1〜14)、18:00(9/15〜30)、18:30(4月、9/1〜14)、19:00(5月、8/6〜31)、19:30(6/1〜8/5)］【11〜3月】9:00〜15:00　12/25休
◎【3〜10月】大人40€、子ども（7〜18歳）15€【11〜2月】大人20€、子ども（7〜18歳）10€（いずれも予定）／0〜6歳は通年無料　D 無料

◇お手洗いのあるカフェまで最短20分（どの門から入場するかで異なる）はかかるので、入場前に済ませておきましょう（再入場はできません）
◇日陰がほとんどないので、夏の観光時には熱中症に注意
◇水、歩きやすい靴、日焼け止め、帽子、タオル、サングラス、カメラは必携！

MAP P.13

アドリア海とドブロブニクを一望！
Srđ スルジ山

　ドブロブニク旧市街の背後にそびえるスルジ山。標高412mの山頂からはドブロブニク旧市街とアドリア海を一望することができます。山頂には素敵なカフェ・レストラン「パノラマカフェ」（要予約）もあるので、景色を楽しみながらのんびりと山頂滞在を楽しむのがおすすめです。
　ところで、こちらのカフェや山頂駅の展望台よりもさらに美しい景色を見られる、とっておきスポットが！　それは独立戦争博物館の屋上スペース。視界にケーブルカーのロープが一切入らず、しかもあまり人がいない穴場スポットなので、絶景を静かに堪能することができます。
　もし時間に余裕があればスルジ山を夕暮れ前に訪れて、青いアドリア海、徐々に夕日に染まるオレンジ色の世界から光きらめく夜景まで、少しずつ移ろいゆくドブロブニクの表情を楽しんでください。ただし、夏以外の季節は日中がおすすめ。スルジ山は日が暮れるとかなり寒くなるので、遅くても夕暮れまでには下山を。なお、真夏でも日没後は一気に気温が下がるので、薄手の上着やストールを持参しましょう。

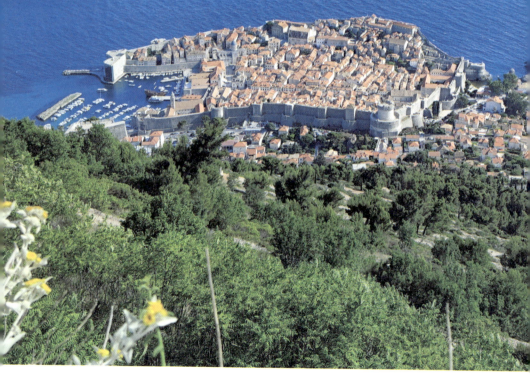

028　独立戦争博物館の屋上スペースからの景色。ドブロブニクの街並みと海を一望することができる。

❶山頂に立つ大きな白い十字架。独立戦争時に破壊されたが、戦後再建された。
❷半島の向こう、アドリア海に沈みゆく夕日。❸光がともり、キラキラと輝くドブロブニクの街。

MAP P.12 A・B-2

ACCESS ▶▶▶

🚗片道約4分　🚶旧市街付近から山頂まで約20分、片道40€程度、往復約60€〜（頂上での滞在時間などによる）　🥾片道約1時間／本格的な山道ハイキングなので歩きやすい靴と水は必須

Dubrovnik Cable Car
ドブロブニク・ケーブルカー（ロープウェイ）
Petra Krešimira IV bb, Dubrovnik　☎020-414-355
🕐9:00〜終了時刻は時期により異なる［17:00(3、11月)、21:00(4、10月)、23:00(9月)、23:30(5月)、24:00(6〜8月)］※12〜2月運休
💰大人片道15€、往復27€、子ども（4〜12歳）片道4€、往復7€／4歳未満無料　🔗dubrovnikcablecar.com

※悪天候時（強風など）やメンテナンス時は運休
※夏の観光シーズンはかなり混むので時間に余裕を持って
※季節ごとに異なる運行スケジュールと運休に要注意

🅰 戦時下のドブロブニクの様子を知る
Muzej Domovinskog rata Dubrovnik

独立戦争博物館

　山頂駅の近くにある博物館で、元はナポレオン時代に築かれたインペリアル要塞。「クロアチア独立戦争時（91〜95年）のドブロブニク」をテーマに、戦火に包まれるドブロブニクの写真や動画、資料や武器など、約500点を展示。屋上の隠れたビュースポットもお見逃しなく！

Srd ul. 2, Dubrovnik
☎020-324-856
🕐【4〜9月】8:30〜22:00
【10月】9:00〜20:00
【11〜3月】9:00〜17:00
💰5€／7歳未満無料
🔗mdrd.hr

MAP P.12 A-2

現在のドブロブニクの風景からは想像しがたい街の姿が写真に残されている。

029

ドブロブニクの人々の心のよりどころ
Katedrala Uznesenja Blažene Djevice Marije
聖母被昇天大聖堂

❶白いシンプルな空間が広がる大聖堂内部。❷青いクーポラは大聖堂の象徴的存在。❸ドブロブニクの守護聖人、聖ヴラホの聖遺物。

旧市街のルジャ広場の南に位置する大聖堂。12世紀から14世紀にロマネスク様式で建てられた建物は「獅子心王」として知られるイギリスのリチャード王が創建に大きく貢献しましたが、1667年の大地震で全壊してしまいました。現在の建物は1713年にバロック様式で再建されたもので、大理石で造られた祭壇の奥には、イタリアの巨匠ティツィアーノが15世紀に描いた「聖母被昇天」が飾られています。

宝物殿にはドブロブニクの人々が長年大切に守り続けてきた聖ヴラホの頭・腕・足を収めた聖遺物箱をはじめ、世界各地から集められた数々の聖遺物が保存されており、海洋貿易国家として栄えたドブロブニクの繁栄を偲ぶことができます。

Kneza Damjana Jude 1, Dubrovnik
☎ 020-323-459　URL katedraladubrovnik.hr
◎【4〜5、6、9〜10月】9:00（日曜11:30）〜16:00、【7〜8月】9:00（日曜11:30）〜19:00、【11〜3月】9:00（日曜11:00）〜12:00、無休
※ミサ中は拝観不可　◎大聖堂の拝観は無料、宝物殿大人4€、子ども1€

MAP P.13 B-2

Dubrovnik

人々の暮らしに寄り添い続けてきた
Franjevački Samostan
フランシスコ会修道院 **D**

もとは城壁外にありましたが、14世紀初頭に安全な城壁内(現在の位置)に移されました。現在の建物の大部分は1667年の大地震の後に再建されたもの。1991年の戦争でも被害を受けましたが、戦後に修復されました。聖フランシスコの一生が描かれた美しいロマネスク様式の回廊の奥の博物館では、中世にこの薬局で使われていた薬壺や修道院に伝わる宝飾品や聖遺物などを展示しています。

Poljana Paska Miličevića 4, Dubrovnik ☎020-641-111
◯夏季9:00～18:00(冬季14:00) ◎大人8€、子ども(7～18歳)4€／6歳以下無料
D 無料 URL franjevacki-samostan.hr

MAP P.13 A-1

❶回廊に囲まれた中庭でのんびりひと休みするのも素敵。❷薬の調合に使われていた道具たち。❸1991年の戦時中のロケット砲の跡が絵画の展示スペースの一角に残されている。

秘密のレシピから生まれたコスメ

フランシスコ会修道院に併設する、1317年開業の薬局。クロアチア最古で、現在も営業している薬局のなかでは世界で3番目に古いものです。200年以上前から受け継がれる秘伝のレシピに基づきつくられた天然由来のスキンケアクリームや化粧水、ハンドクリーム、アイクリーム、ボディミルク、リップクリーム、マッサージ用ボディオイルもあり、おみやげにもおすすめ。

❹現役の薬局なので、コスメだけではなく市販薬も手に入る。❺化粧水として使える、さっぱりとした使い心地で香りのよい顔用トニックローション(10～11,50€)。ローズウォーターとして人気のバラのほか、ローズマリー、ラベンダー、オレンジの4種。❻ホホバオイルとビーワックスが配合され保湿効果に優れた「オレンジクリーム(Krema od naranača)」、アーモンドオイルとビーワックスからつくられた「ゴールドクリーム(Gold krema)」、ノーマル～混合肌用の「ラベンダークリーム(Krema od lavande)」

Ljekarna kod Male braće
マラ・ブラーチャ薬局
Placa 30, Dubrovnik
☎020-321-411
◯7:00～19:30、土曜7:30～13:00、日曜・祝日休
URL ljekarna-dubrovnik.hr/mala-braca

MAP P.13 A-1

❶夏はひんやりと気持ちが良い、修道院の美しい回廊。
❷中庭のオレンジの木は夏になるとたくさん実をつける。

貴重な宗教美術にふれられる
Dominikanski Samostan
ドミニコ会修道院 **D**

　1228年頃に建築がはじまって以来、ロマネスク、バロック、ゴシック、ルネサンスと、さまざまな様式を取り入れながら現在の姿に。戦略的にドブロブニクの防衛における重要なポイントに位置したため、14世紀には修道院全体が城壁に囲まれました。修道院内には主に15～16世紀に描かれた宗教絵画や聖遺物が展示されています。

Sv. Dominika 4, Dubrovnik　☎ 020-321-423
🕘 9:00～18:00(11～4月17:00)　💰 大人5€、子ども3€
D 提示で大人4€に割引　URL dominikanskisamostan.si

> MAP P.13 A-2

ドミニコ会修道院併設の隠れアートギャラリー
Croatian Naïve Art Gallery
クロアチアン・ナイーブ・アート・ギャラリー

　ドミニコ会修道院に併設する、ナイーブアート(ナイーブは「素朴」の意味)を多数扱うアートギャラリー。ここで取り扱われているのは、主にガラス板に描かれた絵画。見学は無料なので、気軽に立ち寄ってみて。気に入ったものがあれば購入も可能です(1点79,63€～)。

❸透明感とあたたかさが共存する、不思議なガラス絵の世界。❹どれも1点もの。運命の1点に出会えるといいですね。

Sv Dominika 1, Dubrovnik
☎ 020-321-490
🕘【5～10月頃】9:00～21:00,【1～4月頃】10:00～16:00,※11～12月は冬季休業
URL facebook.com/Croatian.Naive.Art.Gallery

> MAP P.13 A-2

🔭 クロアチアのアートをお土産にするなら
Sebastian Art
セバスチャン・アート

　ドミニコ会修道院の一角、15世紀に建てられた聖セバスチャン教会を改装したスペースにつくられたギャラリー兼ショップ。絵画、彫刻、オブジェなど、クロアチア中のアーティストたちが手がけた作品が集結したステキ空間です。2階では定期的に展覧会も行われています。

❶ 天井からぶら下がる印象的な作品はドブロブニク出身の画家スティエプコ・マミッチさんの作品。スティエプコさんのギャラリー（MAP P013-A1）もぜひ訪れてみてください。
❷ アニメ映画『紅の豚』に登場しそうな飛行機の置きもの（45€）。

Ul. Svetog Dominika 5, Dubrovnik
☎ 020-321-490
🕐【4〜10月】9:00〜22:00【11・12月】10:00〜17:00 ※1〜3月は冬季休業
🔗 sebastianart.net/

　MAP P.13 A-2

🔭 クロアチアのワインを深く知る
Wine Museum Dubrovnik
ワイン・ミュージアム・ドブロブニク

❸ かつてワイン造りに使われていた道具もたくさん展示されている。❹ 優雅な空間で楽しめるワイン・テイスティング。❺ ショップでは話題の海底ワイン（1本80€〜）も販売されている。

　2024年、ピレ門前に新しくオープンした博物館。クロアチアのワインの歴史を学ぶことができ、バー・スペースではドブロブニク周辺エリアを中心としたワインのテイスティングを楽しめます（有料）。併設ショップではドブロブニク周辺エリアを中心としたワインが豊富に取り揃えられており、ほかの街ではなかなか手に入らない珍しいものも。ワイン好きはお見逃しなく！

　MAP P.13 A-1

Brsalje ul. 17, 20000, Dubrovnik　☎ 020-222-577
🕐 10:00〜21:00(夏季23:00) ※12〜3月中頃までは冬季休業
💰 入場料7,50€、ワイン・テイスティング12€〜（ワイン3種・おつまみ付き）
🔗 winemuseumdubrovnik.com/

アドリア海の水温は真夏でも25℃前後。
冷たいけれど旅の思い出に海水浴を楽しんで！

旧市街を真横から一望できるビーチ
Plaža Banje バニェ・ビーチ

　プロチェ門を出て、海沿いにまっすぐ約5分。旧市街を真横から眺めることができるビュースポットで、観光客も気軽に海水浴を楽しめます。夏はかなり混雑するので、時間に余裕がある人はバニェ・ビーチからの景色を楽しんだあと、ロクルム島（P.36）へ渡ってみてください。

バニェ・ビーチとドブロブニク旧市街。

MAP P.12 B-2

クロアチアで
ビーチを楽しむ際の
注意点

　岩場のビーチが多く、水が驚くほどクリアで海岸からは海の底や、水中で泳ぐ魚が見えるほど。夏は眺めるだけではなく、つい飛び込んで泳ぎたくなるはずです。

・岩場とウニに注意
ごつごつとした岩で怪我をしないように注意。足が届くような場所でも岩場にウニがよく潜んでおり、海の底を覗くとウニだらけ…なんてこともしばしば（ちなみに、一般的にクロアチアではウニを食べる習慣はない）。

・貴重品に注意
現金は最低限に、必要のない貴重品はホテルのセーフティボックスへ。

＜ビーチに持って行くと便利なもの＞
水着／タオル／ビーチサンダルやマリンシューズ／日焼け止め／ビーチマット・浮き輪（レンタルはほぼない）／帽子、サングラス

034

城壁散策をするなら**要チェック**！

Dubrovnik Pass
ドブロブニク・パス

お得にドブロブニク観光をするなら『ドブロブニク・パス』がおすすめ。特に城壁散策を予定している人（大人）は必見！城壁の大人チケット料金と同額（40€）で、ほかの施設にも入れてしまうので、城壁に入場したらすぐにモトが取れるお得なパスです。

ドブロブニクを訪れたらぜひ目にしたい、城壁の上からの絶景。

左/建物自体も美しく見ごたえがある総督邸。
右/美しいフランシスコ会修道院の回廊。

【含まれているもの】

●ドブロブニク市バスの乗車券
①〜⑨番のドブロブニク市バスが24時間、72時間、168時間のいずれかの時間乗り放題のチケット。

●入場の入場券
パスの提示で、以下の11施設の入場が無料となります。（城壁、フランシスコ会修道院、総督邸の3施設は特におすすめなのでぜひ！）

1. 城壁＋ロヴリェナッツ要塞（個別購入だと大人40€）
2. フランシスコ会修道院（個別購入だと大人8€）
3. 総督邸（個別購入だと大人15€）
4. 海洋博物館
5. 民俗博物館
6. 考古学博物館
7. 自然史博物館
8. 現代アート美術館
9. マリン・ドゥルジッチの家
10. ドゥルチッチ・マスレ・プリティカ・ギャラリー
11. プリティカ・スタジオ

ドブロブニクの海洋の歴史を学べる海洋博物館。

※そのほか、提携のレストラン、カフェ、店舗、各種アクティビティ料金などが、パス提示で9〜30% OFFとなります。（本書掲載のメデューサ[P.38]もパス提示で10% OFF）
※本書内のパスが使用できるスポットには、施設名や店名に**D**のマークがついています。

【料金】

[3〜11月]
1日券（24時間有効）40€
3日券（72時間有効）50€
7日券（169時間有効）60€

[12〜2月]
1日券（24時間有効）20€
3日券（72時間有効）25€
7日券（169時間有効）30€

※7歳未満は、ドブロブニク・パスを所持する大人が同伴する場合は各施設入場無料。

【買い方】

観光インフォメーションセンターなど現地で購入も可能ですが、公式サイトでの事前購入がおすすめです。

URL dubrovnikpass.com/

【使い方&注意点】

・各入場施設でパスのQRコードを提示して入場します。
・市バスは、初乗車時にパスを提示して乗車券をもらい、その後は乗車券を提示して利用します。
・バスの乗車券を受け取る、あるいは最初の入場施設でQRコードをスキャンされるとパスが有効になり、その時点からそれぞれ24時間、48時間、168時間、の各有効時間のカウントダウンがはじまります。パスは有効期限内乗り放題ですが、施設の入場は各1回のみ可能なのでご注意ください。

ドブロブニク市のバスはオレンジ色。

旧港から15分で行けるパラダイス
Otok Lokrum ロクルム島

　ドブロブニクでたっぷり時間がある人におすすめなのがロクルム島。真夏の旧市街の喧騒から逃れて、静かなビーチでのんびりと過ごせる無人島です。700㎡ほどの面積に、修道院や要塞、植物園、美しいビーチが点在。半日もあれば島の隅から隅まで徒歩で散策可能です（島内にバスやタクシーはないので、移動は徒歩のみ）。19世紀初頭にナポレオン（フランス軍）が島のてっぺんに築いた要塞からは周辺の景色を一望できます。島の探検が終わったら、海で泳いだり、涼しい木陰で海を眺めたりしながら、のんびりとした時間を楽しみましょう。

　なお、島内のカフェやレストランは選択肢が少ないので、島へ渡る前に軽食や飲みものを持っていくとよいです（ゴミは持ち帰りましょう）。また、水着も忘れずに！無料で利用できる更衣室スペースやシャワー（冷水）、お手洗いもあります。

ドブロブニク旧市街の正面にぽつんと浮かぶロクルム島。

ロクルム島に伝わる伝説

もっとも古い記録は、島にベネディクト会修道院が建てられた1023年。1192年には第3次十字軍の遠征の帰途に大嵐に遭い難破した英国王リチャード1世が漂流した際、命拾いのお礼に島に教会を建てようとしたものの、ドブロブニクの人々の願いにより本土に建設中だった大聖堂の建築を支援しました。1859年になるとハプスブルク家のマクシミリアーノ1世が島を買い取り、廃墟となっていた修道院を避暑のための邸宅へと改装、美しい植物園や散歩道も造りました。しかし、ロクルム島の言い伝え「何人たりとも私利私欲のために島を所有しようとするものは呪われる」の通り、その後次々と不幸に襲われ、1867年に34歳の若さでメキシコの地で処刑され、悲劇のメキシコ皇帝としても知られています。

放し飼いにされているクジャクは、マクシミリアーノ1世がカナリア諸島から持ち込んだもの。

のんびり海水浴を楽しめるロクルム島は地元っ子も集う憩いの場所。

❶ 地図がなくても迷わないので、のんびり探索を楽しんで。❷ 海食によってできた小さな湖は、「死海（Mrtvo more）」と呼ばれる島内の遊泳スポット。❸ 島は切り立った岩の壁とビーチに囲まれている。❹ 島でいちばん見晴らしがよいロイヤル砦の頂上。

MAP P.12 C・D-2

ドブロブニクでミニクルーズ気分！

ロクルム島へ渡る時間はないという人は、旧港に発着するエクスカーション船でロクルム島周辺を一周するミニクルーズ（約40分、1人15€程度）がおすすめ。城壁を海から眺めることができます。夏の旧港にはミニクルーズの申し込みブースが点在しており、1時間に1本の間隔で多数催行されているので事前予約は不要。

ACCESS ▶▶▶

ドブロブニク旧市街の「旧港」より定期的船で片道約15分（悪天候時は運休）
◎往復27€（要塞や植物園など島内名所の入場料込み）URL lokrum.hr
※船の運航は5〜10月（年によっては4〜11月）の気候のよいシーズン中のみ
※月により運航スケジュールが異なるので現地にて確認を（目安として夏場は9:00〜19:00まで30分に1便）

🛍 ドブロブニクらしいアイテムが揃う
Dubrovačka kuća
ドゥブロバチュカ・クチャ

　店名はクロアチア語で「ドブロブニクの家」の意味。ワインや手づくりのお菓子、ハンドメイドの雑貨やアクセサリー、ハーブコスメまで、ドブロブニクならではのアイテムが幅広く揃います。ほかではなかなか手に入らない、とっておきの一品がきっと見つかるはず。2階はギャラリースペースになっており、地元のアーティストを中心とした作品が展示されています。

❶オーナー自ら絵付けをした小皿はアクセサリーや小物入れに。❷ひとつひとつ色あいや形が異なるハンドメイドのピアス(24€)❸ここでしか買えないものもあるため、気に入ったものがあれば即決！

Ul. Svetog Dominika bb, Dubrovnik
☎020-322-092　🕘9:00〜23:00(11〜5月20:00)、12/25・1/1休
MAP P.13 A-2

🛍「メイド・イン・クロアチア」がいっぱい
Medusa メデューサ D

　クロアチア各地から集められた雑貨、ナチュラルコスメ、お菓子、アクセサリーなど、多種多様なアイテムが揃う店。ほぼすべてがハンドメイドで、メイド・イン・クロアチア。オーナーのイェレナさんをはじめ、親切でフレンドリーな店員さんも魅力のひとつ。おみやげ選びに困ったら、ぜひ相談してみて。それぞれのアイテムの特徴などをていねいに説明してくれますよ。

❹刺繍やレースは額縁に入れると素敵な壁飾りにも！❺イェレナさんのお父さんが描いた絵がプリントされたポストカードやブックマークもある。❻ハンドメイドのラベンダーのポプリ(12€)。マグネットタイプもある。

Prijeko 18, Dubrovnik
☎020-322-004　🔗medusa.hr
🕘【6〜10月】9:00〜22:00(10月20:00)、【11〜5月】10:00〜16:00(3・11月18:00、4月20:00、5月21:00)、一部祝祭日休(営業時間は変動あり)
D 提示で10%OFF
MAP P.13 A-2

038

熟練の職人が営むジュエリーショップ
Valen ヴァレン

　1955年の開店以降、多くの人に愛されてきた家族経営の小さなジュエリーショップ。特にクロアチア伝統の「銀のボタン」のピアスやペンダントを買うなら、熟練職人のヴァレンさんが手がけたものがイチオシです！　昔ながらの伝統的な手法で一から手づくりしているものは希少。ほかにもサンゴをあしらったブレスレットやさまざまなフィリグラン（金銀などの線状細工）もあります。

Ul. od Puča 23, Dubrovnik
☎ 020-323-289
⊙【5～10月頃】9:30～22:00、【11月・3月中頃～4月末】10:00～19:00 ✽日曜、祝日は日により休業 ※1～3月中頃は冬季休業
URL instagram.com/valen_jewellery/

MAP P.13 A-1

❶クロアチアの伝統的なジュエリー「銀のボタン」のピアス（35€～）❷ヴァレンさんオリジナルのモダンなデザインのジュエリーも！ ❸ヴァレンさんと奥さまのイェリツァさん、息子のロコさん

センスよいアイテムとおいしいコーヒー
Life According to KAWA
ライフ・アコーディング・トゥー・カワ

Hvarska ul. 2, Dubrovnik
☎ 020-696-958　URL kawa.life/hr
⊙ 9:00～21:00、7・8月 8:00～22:00、一部祝祭日休

MAP P.13 A-3

　クロアチア各地から集められたセンスのいいアイテムが揃うショップ。おしゃれなファッションアイテムや雑貨、香水などのほか、スーパーでは手に入らないクロアチア各地のクラフトビールも取り扱っています。素敵な空間が広がる店内にはカフェスペースもあり、ここで買ったビールやコギート（P.50）のコーヒーを楽しむこともできます。

❹ネコ型の小皿（各8,50€）。アクセサリー置きにもぴったり。❺ユニークなデザインのクラフトビールたち（5€～）。❻まるでギャラリーのようなおしゃれな店内。

🛍 おみやげの購入が地元支援にもつながる
Deša Pro
デシャ・プロ

　クロアチア、ドブロブニクならではのおみやげ探しならこの店。もともとは、クロアチア独立戦争中に地元ドブロブニクの女性の自立支援を目的に立ち上げられたNGO団体デシャ・ドブロブニクが運営するショップで、街が平和を取り戻した現在でも、地元の雇用創出や持続可能な地域発展のためにさまざまな活動を行っています。

　店内にはドブロブニクをはじめクロアチア各地の人々が心を込めてつくった手工芸品やお菓子が並びます。おすすめは女性たちがひと針ひと針ていねいに縫い上げた刺繍製品や、ドブロブニク特産のビターオレンジを使ったオレンジピールの砂糖漬け(5€)とジャム(6€)。購入が素晴らしい活動の支援になるのも素敵ですね。

❶額に入れて飾っても美しい伝統刺繍(60€)。❷コナブレ地方に伝わる伝統的な幾何学模様をあしらったミニバッグ(70€〜)。❸ドブロブニクで1000年以上愛されるビターオレンジをたっぷり使ったジャム(6€)。❹ビターな甘みがフワッと広がるオレンジピールの砂糖漬け。アーモンドの砂糖漬けもある。

Frana Supila 8, Dubrovnik
☎ 020-420-145
◷ 10:00〜14:00、土日曜休
✧ 11〜3月は休業
URL desapro.hr

MAP P.13 A-3

🥨 column
クロアチアの刺繍

ドブロブニク旧市街のドミニコ会修道院前で刺繍を販売しているカテさん。

　ドブロブニクを歩くと、街角で刺繍をしながら店番をする女性の姿が目に留まるでしょう。刺繍は母から娘へと、世代を超えて大切に受け継がれてきた美しい手仕事。地理的・歴史的に周辺諸国の影響を強く受けてきたクロアチアの刺繍には、その模様や色のパターンなどに、主にトルコ、ヴェネチア（イタリア）、そしてスラブ文化の影響を垣間見ることができます。スラヴォニア地方東部の刺繍はトルコの影響、アドリア海沿岸のダルマチア地方とイストラ地方はヴェネチアの影響、クロアチア中心部はスラブの影響がもっとも大きいといわれるなど、地域によりさまざまな特徴がありますが、ここではドブロブニク近郊のコナブレ地方に伝わるものをご紹介します。

　この地方の刺繍はもともと、女性の伝統衣装の袖や胸の部分にあしらわれる飾りとして施されたもの。コナブレ地方の家庭では古くから養蚕をする習慣がありました。繭から採られた糸は、リンゴの樹皮やザクロの果実など、主に天然の染料で数週間かけて染め上げられ、美しい刺繍糸となります。

　刺繍の大きな特徴は、対称かつ幾何学的なモチーフ。しかも、複雑な模様であっても下書きを一切せずに刺し上げるというのは驚きです。構図はすべて女性たちの頭のなかにあり、ひと針ひと針ていねいに刺し上げられていきます。

❶コースターやランチョンマット、ブックマークに施された美しい刺繍。❷カテさん手づくりのラベンダーのポプリ（10〜14€）。❸クロアチアは昔から刺繍、レース、織物など手芸が得意な女性が多い。

column
おいしいクロアチア

「食」は旅の大きな楽しみのひとつ！はるばるクロアチアへ旅するからには、クロアチアならではのものをたくさん味わいたいですよね。

実はクロアチア料理をひと言で表すのは至難の業。「クロアチアに"クロアチア料理"はない」などといわれることもあるほどなのです。歴史、地理的に周辺諸国のさまざまな影響を受けてきたクロアチアの料理は、地域によってまるで異なる国のような違いがあります。

大まかに分けると、アドリア海沿岸部はイタリア料理（地中海料理）に似たシーフード中心の料理、そして内陸部では主にトルコ、ハンガリー、オーストリアの影響を受けた肉を中心とした料理が、それぞれその土地の伝統料理として愛されています。

ここでは、クロアチアでぜひ食べていただきたいおすすめの料理をご紹介します。

肉料理

Sarma サルマ

お米を混ぜた肉団子を、醗酵させたキャベツ（ザワークラウト）で巻いたロールキャベツのような料理。「クロアチアのおふくろの味」ともいえる、クロアチア全土で広く愛されている家庭料理。とくにザグレブなど内陸エリアのレストランでよく見かけますが、冬の家庭料理のため冬季しか提供しないレストランも。

Zagrebački odrezak ザグレバチキ・オドレザック

ザグレブ名物、薄い肉でチーズやハムを巻きカリッと揚げたザグレブ風カツレツ。ウィーン名物のウィンナー・シュニッツェルに影響を受けた料理です。ビールとの相性抜群ですよ！

Ćevapi チェヴァピ

クロアチアに限らず、旧ユーゴスラビア地域で広く愛される庶民の味。スパイスで味付けした挽肉を小さく筒状に丸めてグリルした肉料理。レピニャ（lepinja）というパンやカットされた生タマネギと一緒に食べます。好みで赤パプリカを煮込んだペースト、アイヴァル（ajvar）を添えて。

Punjena paprika プニェニャ・パプリカ

「夏版サルマ」とされるプニェニャ・パプリカ。いわゆる「パプリカの肉詰め」で、サルマに使われる肉団子をパプリカに詰めて煮込んだ料理です。

Pašticada
パシュティツァーダ

牛肉をニンジンやニンニク、ハーブ、赤ワインなどと一緒に長時間煮込んだダルマチア地方の伝統料理。赤ワインの酸味と風味、牛肉のうまみのバランスが絶妙のボリューム満点の一品です。

Peka
ペカ

伝統的な鉄鍋のなかに、ラム肉や仔牛肉、ジャガイモなどを入れ長時間炭火で蒸し焼きにしたもの。ダルマチア地方では、タコのペカを提供するレストランも。調理に時間がかかるため、予約がベター。

Ćobanac チョバナッツ

「羊飼いのシチュー」とも呼ばれるクロアチア東部スラボニア地方の郷土料理。牛肉や豚肉をパプリカパウダーなどのスパイスと一緒にコトコト煮込んだ、シチューのような一皿。

Buzara ブザラ

一般的に白ワインにニンニクやオリーブオイル、ハーブなどを加えて煮込んだシーフード料理。定番はムール貝やシュカンピ（手長エビ）。ソースはパンにつけていただくとおいしいですよ！

魚料理

Salata od hobotnice
サラータ・オド・ホポトニッツェ

Brodet ブロデット

ブツ切りにしたタコをオリーブオイルと塩、パセリなどのハーブで味付けし、トマトや豆などとミックスしたダルマチア名物のサラダ。どこのレストランで頼んでも、ほぼハズレなしおすすめの一品です。

魚や貝などのシーフードに野菜とハーブを加え、トマトベースのスープで煮込んだ豪快なダルマチア料理。魚介のうまみたっぷりです！

その他

Rižoto
リジョット

イカ墨リゾット(crni rižoto または rižoto od sipe)やエビのリゾット(rižoto s kozicama)、きのこのリゾット(rižoto s gljivama)がおすすめです。お米が恋しくなった時にうれしい一品。

Manestra
マネシュトラ

イタリアのミネストローネの影響を受けたイストラ地方の伝統スープ。トウモロコシや豆、野菜、肉がゴロゴロ入った、栄養と食べ応え満点の一品!

Fuži s tartufima
フジ・ス・タルトゥフィマ

トリュフのフジ(イストラ地方の伝統的なパスタ)。薄くのばした生地をくるっと巻いた筒状のパスタで、ふわっと軽い食感が特徴的です。

Štrukli
シュトゥルクリ

ユネスコの無形文化遺産にも登録されている、数少ない正真正銘のクロアチアの伝統料理。薄くのばしたパスタ生地にフレッシュチーズやクリームを挟んでオーブンで焼いた料理(茹でる場合もあり)。寒い冬に食べたくなる、ザグレブ近郊のザゴリエ地方に伝わる料理です。

Burek
ブレク

バルカン半島で広く愛されるパイ。国や地域、店によって形はさまざまですが、写真のようにパイ生地を渦巻き状にクルクル巻いた形が一般的。具は挽き肉やチーズなど。町のパン屋さんで売られており、小腹が空いたときにうってつけ。

クロアチアのレストラン&カフェで

〈 注文と支払い 〉

・カフェでは基本的に好きな席を選んで着席し、メニューを見ながら店員さんが注文を取りに来てくれるまで待ちましょう。レストランでは入店すると店員さんが席まで案内してくれます。

・レストラン・カフェともに、会計は基本的にテーブルで。クレジットカードで支払う際、チップも渡したい場合は、チップのみ別で現金で渡す形が一般的です。

〈 覚えておきたいマナー 〉

・入店時には「ドーバル・ダン(こんにちは)」、店を出る際は「フヴァラ(ありがとう)」や「ドヴィジェーニャ(さようなら)」の、クロアチア語のあいさつをお忘れなく。

・レストラン・カフェともに、スタッフに用がある時に「すみません!」と大声で呼びつけるのはマナー違反。静かに手を挙げて店員さんに合図を送るか、スタッフが近くを通り過ぎた時に手を挙げながら声をかけましょう。気づいてもらえなかったり急いでいたりする時は、席を立ち担当のスタッフに「お願いできますか」とそっと声をかけてみましょう。

伝統菓子

Kremšnita
クレームシュニッタ

たっぷりのホイップクリームとカスタードをさくさくのパイ生地で挟んだシンプルなケーキ。ホイップクリームが少なめで、たっぷりのカスタードをパイ生地で挟んだサモボルのものと、ケーキ上部が薄いチョコレートで覆われているザグレブのものが有名。

Palačinke
パラチンケ

クロアチアのお母さんが子どもたちのためにつくるおやつの定番。いわゆるクレープで、マーマレードやチョコレートクリームを生地に塗って丸めたクラシックなものや、フルーツやチョコレートソースがトッピングされたものも。

チョコレートで覆われたザグレブのクレームシュニッタ。

Torta od rogača
キャロブケーキ

キャロブ（イナゴマメ）の粉末が練り込まれたケーキで、甘さ控えめでチョコレートに似た上品な味。ドブロブニク周辺やコルチュラ島などアドリア海沿岸部は古くからキャロブの産地。

Rožata
ロジャータ

昔なつかしいカスタードプリンのような味わい。日本のプリンによく似ていますが、伝統的なロジャータにはバラのリキュールが使われていて、ちょっぴり大人向け。ドブロブニクを中心にダルマチア地方のレストランで見かけます。

健康によい食材として親しまれているキャロブ。

コーヒー

Kava s mlijekom
カヴァ・ス・ムリェコム

カフェの定番。エスプレッソにちょっとミルクを足したコーヒー。英語では coffee with milk。

Bijela kava
ビイェラ・カヴァ

ミルクたっぷりのコーヒー、いわゆるカフェラテ。英語では white coffee。

Kava sa šlagom
カヴァ・サ・シュラゴム

ほんのり甘いふわふわの生クリームが浮かぶ、ウインナー・コーヒー。

Dubrovnik

045

絶景と絶品グルメで優雅なひとときを
Stara Loza
スタラ・ロザ

　本当は秘密にしたいほどお気に入りのブティックホテル、プリイェコ・パレス（Prijeko Palace）のレストラン。15世紀のドブロブニクの貴族の邸宅を改装した建物は「貴族が暮らした当時の雰囲気を現代風に蘇らせ、ゲストに楽しんでいただきたい」というオーナーの想いが詰まった素敵な空間です。

　パンやパスタ、ニョッキなどは、すべてこだわりの自家製。ドブロブニクやその近郊で採れた新鮮な食材を使った料理は目も舌も楽しませてくれます。そして、特筆すべきは景色。屋根上のテラス席はもちろん、大きなガラス窓に囲まれた3階の店内からも旧市街の美しいオレンジ色の屋根瓦が広がる景色が目に飛び込んできます。ディナーのロマンチックな雰囲気も素敵ですが、ランチタイムもおすすめ。

❶絶景が見える3階の席や屋上テラス席を希望する場合は予約を。❷赤ワインソースとの相性抜群、やわらかジューシーなビーフテンダーロイン（39€）。❸ライムやオレンジの爽やかな香りがアクセント。スズキのセビーチェ（17,50€）。❹日常を忘れさせてくれるエレガントな雰囲気の店内（3階）。❺こだわりのインテリアで飾られたホテルの客室は全9室（1室250€〜。朝食込）。

Prijeko ul. 24, Dubrovnik
☎ 020-321-145
🕒 8:00〜23:00（5月中旬〜10月末24:00）、無休 ※11月上旬〜2月末まで冬季休業 🔗 prijekopalace.com

MAP P.13 A-2

Kopun コブン

🍴 ドブロブニクの伝統料理を堪能

❶ 手前から時計まわりにブロデット（2人前62€／1人前34€）、雄鶏の煮込み（26€）、シュポルキ・マカルリ（18€）。❷ 伝統デザートのパラディジョット（7€）はやさしい甘さでクリーミーな味わい。❸ 旧市街中心部から少し離れているため、静かに食事を楽しめる。

　聖イグナチオ教会の前にひっそりと佇むクロアチア料理店。シュポルキ・マカルリ（ドブロブニク周辺の伝統的なパスタ）や新鮮な魚介類を煮込んだブロデットなど、ドブロブニクを中心としたクロアチアの伝統料理がメニューに並びます。

　肉料理を楽しみたい人には、店名の由来にもなっている雄鶏の煮込みがおすすめ。16世紀から伝わる伝統的なレシピに基づき調理された、店自慢の逸品です。

　アドリア海で獲れた新鮮なロブスター（500g／72€）も人気。グリルはもちろんのこと、パスタにアレンジしたり、ブザラ・スタイル（ワインににんにくやハーブなどを加えて煮込んだクロアチアの伝統的な調理法）にしたり、好みに合わせて調理してくれます。

Poljana Ruđera Boškovića 7, Dubrovnik
☎ 020-323-969
🕐 11:00～20:00（5～10月 23:00）、無休
☼ 11/16～1/31は冬季休業、2月は金土日曜のみ 11:00～22:00営業
URL restaurantkopun.com

MAP P.13 B-2

🍴 ドブロブニクを代表する老舗の高級店
Proto プロト

1886年創業のドブロブニクでもっとも有名な高級シーフード店。アドリア海直送の新鮮なシーフードを一流シェフが伝統的なレシピに基づいて調理。地元の農家が丹精を込めて育てたオーガニック野菜を使用するなど魚以外の食材にもこだわり、幅広いクロアチア産ワインのセレクションも自慢です。石畳の路地のテラス席が人気ですが、ゆったり食事を楽しむなら店内や2階のテラス席がおすすめです。

❶魚介と野菜のうまみがギュッと詰まった漁師のスープ(2人前28€)。❷国内外の数多くの著名人も訪れた名店。❸手長エビとトリュフのフェットチーネ(39€)とホタテのグリル(28€)。

Široka ul. 1, Dubrovnik
☎ 020-323-234
🕐 11:00〜23:00、一部祝祭日休 ※12・1月に冬季休業の可能性あり。要確認
URL esculaprestaurants.com/fish-restaurant-proto-dubrovnik
◎日本語メニューあり

MAP P.13 A-2

🍴 クロアチアの天然マグロ＆牡蠣を食べるなら
Bota Šare ボタ・シャレ

ドブロブニク近郊マリ・ストンの有名な牡蠣養殖業者の家族が営む店。牡蠣はもちろん、天然の熟成マグロを使ったタルタルや刺身は街一番のおいしさと評判です。地元っ子には寿司バーとして人気ですが、私がここでぜひ食べていただきたいのは、やはり看板メニューの牡蠣とマグロ。クロアチア産ワインを片手に軽く食べたい時におすすめです。

❹ブジャ門をくぐってすぐ左手にある店。❺古代ローマ時代から食されるヨーロッパヒラガキ(3,50€／個)。❻天然熟成マグロのタルタル(18€)。

Peline ul. 4, 20000, Dubrovnik ☎ 020-324-034
🕐 11:00〜22:00(夏季8:00〜23:00) URL bota-sare.hr/
◎マリ・ストン、ザグレブ、スプリットにも姉妹店あり

MAP P.130 A-2

048

🍴 行列ができる人気店
Trattoria Carmen
トラットリア・カルメン

　旧市街内の裏路地に店を構える家族経営の小さなレストラン。私もドブロブニクを訪れたら必ず足を運ぶお気に入りです。何を食べてもハズレなしのおいしさですが、店の自慢は新鮮なシーフードと自家製パスタ。シーフードは毎日地元の漁師から新鮮で質のよいものを仕入れ、パスタは毎朝店のキッチンでつくっています。シーフード系の料理以外にも、トリュフがのった特製のカルメン・ピザ（19€）やホロホロの牛肉がのったビーフパスタ（22€）も絶品！　その日仕入れた新鮮な食材を使うため固定メニューはなく、毎日小さな黒板に書かれます。ごはん時は常に順番待ちの列ができるほどの人気店ですが、予約は受け付けていないので時間に余裕を持って訪れてくださいね。

❶トマト、たまねぎ、ケッパーなど具だくさん。タコのサラダ（16,90€）。❷デザートにおすすめ。ドブロブニク風プリン「ロジャータ」（6,50€）❸パスタメニューで特に人気、エビとトリュフのパスタ（26€）。❹看板メニューのひとつ、オクトパス・カルメン（27,50€）。じっくりスロー調理されたタコはやわらかでうまみたっぷり！　❺時間をずらすと比較的スムーズに座れることも。

Ul. kneza Damjana Jude 10, Dubrovnik
☎ 098-943-8630
🕐 11:00〜23:00、月曜休
※11〜4月頃は冬季休業
URL trattoria-carmen-dubrovnik.com/

MAP P.130 B-3

🍽 地元の人に愛されるサンドイッチ店
Buffet Škola
バフェット・シュコラ

「子どもの頃、学校帰りなどによくここへ足を運んだものだね。今も時々ここで仲間と集まるんだ」と昔を懐かしむ地元っ子が集う店(「シュコラ」はクロアチア語で「学校」の意味)。店内で焼かれる自家製パンを使ったシンプルなサンドイッチ(7€)のほか、ワインやビールを飲みながらチーズやプロシュートをつまみたい人には「ダルマチア・プレート小(Dalmatinski Pjat-mali)」もおすすめ。軽く食事を済ませたい時にぴったり。

Antuninska ul. 1, Dubrovnik
☎ 020-321-096
🕗 8:00〜24:00(10、1〜4月20:00)、無休 ※11/1〜1/1は冬季休業
URL facebook.com/BuffetSkola

MAP P.13 A-2

❶食べ応え満点のサンドイッチ。お願いすれば、カットにも応じてくれる。❷クロアチア産のチーズやプロシュートがたっぷりのったダルマチア・プレート小(22€)。❸創業50年以上。多くの地元っ子にとって思い出が詰まった特別な場所。

🍽 緑豊かな大人の隠れ家
M'arden
マルデン

　知らないとなかなかたどりつけない素敵な隠れ家ワインバー。旧市街の喧騒を離れ、緑に囲まれたバルコニーにはゆったりとした時が流れています。約70種類のワインのほか、コーヒーやソフトドリンクも。11〜15時はブランチ、17〜22時半まではタパスも提供され、軽い食事を楽しむこともできます。特に週末は地元っ子でにぎわうので、メールでの事前予約をおすすめします。

❹バルコニーからは美しい旧市街の街並みを望むことができる。❺チーズ&プロシュートの盛り合わせ(25€)とグラスワイン(6€〜)。❻「かつてのドブロブニク、民家の庭をイメージした」という緑のバルコニー。

Ul. od Domina 8, Dubrovnik　☎ 099-343-0203
URL marden.hr/　✉ info@marden.hr
🕗 11:00〜23:00 ※11月中頃〜5月中頃まで及び悪天候時は休業

MAP P.130 B-1

Dubrovnik

路地裏のおいしいコーヒー屋さん
Cogito Coffee コギート・コーヒー

クロアチアのコーヒー通に評判のカフェ。2014年にザグレブに1号店がオープンすると「おいしいコーヒーが飲めるカフェ」として一気に評判となり、ドブロブニク、ザダルなど国内のほか、ドバイやアメリカのフィラデルフィアにも進出。

ドブロブニク旧市街店は、静かな裏路地にひっそりと佇んでおり、知らなければつい通り過ぎてしまいそうな隠れ家的存在。席数が少ないため、夏はテイクアウトのコーヒーを待つお客さんの長い列ができることもしばしば。運よく石畳の路地にある席に座ることができたら、涼みながらのんびりコーヒーを楽しんでくださいね。こだわりのコーヒーはもちろん、冷たい自家製のアイスティーは暑い日のリフレッシュに最高ですよ!

Ulica od Pustijerne 1, Dubrovnik
✉ info@cogitocoffee.com
🕐 8:00~20:00(日曜19:00)、無休 ※11~3月は冬季休業
URL cogitocoffee.com

MAP P.13 B-3

❶ケメックスで淹れたコーヒー(6€)とミルクたっぷりのカフェラテ(4€)。❷ケメックスでコーヒーを淹れるスタッフ。❸自家製アイスティー(4€)。写真はルイボスがベースのジンジャー・レモンティー。❹涼しい風が吹き抜ける店前の席。近くには猫が集うスポットも。❺ドブロブニク2号店はLife According to KAWA(P.39)の店内の一部にある。ここでもコギートのコーヒーが楽しめる。

051

☕ 地元っ子に長年愛されるスイーツ
Dolce Vita ドルチェ・ヴィータ

ドブロブニク旧市街で長年営んでいるスイーツ店。人気のアイスクリーム（2,80€）はもちろんパラチンケ（クレープ）もおすすめ。観光客にも大人気の店ですが、長年足しげく通う地元っ子も多く、学校帰りにアイスクリームを買いに来る子どもや、週末家族でスイーツを楽しむ家族連れの姿をよく見かけます。街歩きに疲れたら、石畳のテラス席に腰かけて。おいしいスイーツを食べて、元気チャージしてくださいね。

❶
❷

Nalješkovićeva ul. 1A, Dubrovnik ☎ 020-321-666
🕘 9:00～24:00（冬季23:00）、一部祝祭日休
URL facebook.com/Dolce-Vita-346928935489744

MAP P.13 A-2

❶テラス席が空いていたら腰をかけてひと息ついて。テイクアウトも可能。❷真夏におすすめのフレーバーは、さっぱりとした甘さのヨーグルト味とレモン味。❸サワーチェリーとバニラのパラチンケ（7€）は朝食やおやつにぴったり。

❹

❺
❻

❹こだわりの素材を使った絶品アイスクリーム。1スクープ3,50€。❺アイスクリームは常時16種類。ケーキ（8€）もある。❻甘ずっぱさがさわやかなサワーチェリー味

🍨 街いちばんのアイスクリーム
Gianni ジアニ

アイスクリーム激戦区のドブロブニク旧市街で、いちばんおすすめしたい店。地元っ子に教えてもらって以来すっかりお気に入りになり、今ではドブロブニクに行くと必ず足を運んでいます。人気は濃厚なピスタチオですが、特産のオレンジやラベンダーなどクロアチアらしいフレーバーにチャレンジするのも旅の楽しい思い出になるかも。滞在中きっと何度も足を運びたくなるはず。

Ul. kneza Damjana Jude bb, Dubrovnik
☎ 095-392-6323 URL gianni-dubrovnik.com/
🕘 10:00～20:00（6～9月中頃23:00）
✕ 11～3月は冬季休業

MAP P.13 B-3

column
クロアチア人のコーヒーの時間

東西文化が交差するコーヒー事情

クロアチアは東西文化の交差地点に位置した国。地理的、歴史的背景からヴェネチア共和国、オーストリア＝ハンガリー帝国、オスマン帝国など、東西双方の文化の影響を受けてきました。そんなクロアチアの複雑な歴史的背景はこの国のコーヒー事情にも垣間見ることができます。

家ではトルココーヒーを楽しむクロアチアの人々ですが、街のカフェではオーストリアやイタリアの影響が色濃く見受けられます。カフェではドリップ式のコーヒーは稀で、エスプレッソベースが一般的(P.45参照)。

上・トルココーヒーは粉を漉さずにカップに注ぎ、ゆっくり時間をかけて上澄みを飲む。
右・カフェのコーヒーはドリップではなく、エスプレッソベースのものがほとんど。

人生を豊かにする一杯のコーヒー

クロアチア人はコーヒーを飲みながらおしゃべりを楽しむことが大好き。学生やお年寄りだけでなく、働き盛りの年代の人たちまでカフェで昼間からくつろぐ姿を見かけます。いったいいつ仕事をしているのか不思議ですが、彼らにとって仲間とのカフェでの時間は人生にとって欠かせないもの。また、どんなに忙しくても、家族や仲間との時間をとても大切にします。

クロアチアに来た頃、常に何かに追われるような焦燥感に駆られて、心にまったく余裕のなかった私に、ある日とあるクロアチア人が「まあまあ、コーヒーでも飲みに行こう。"無駄"な時間こそ忙しい人には必要だよ」と笑いながら言いました。今ではその言葉の意味がわかるようになった気がします。何もしない時間、非生産的な時間を意識して設け、楽しめるようになって、以前より心にぐっと余裕を持つことができるようになりました。

一杯のコーヒーの時間は、人生を豊かにしてくれる——愚痴をこぼしながらもどこか楽しげなクロアチア人の笑顔のヒミツは、大切な仲間と囲む一杯のコーヒーにあるのかもしれません。

クロアチアの人々の暮らしに欠かせない、カフェでの語らいのひととき。

リュタ川などの清流が流れるコナブレ地方は古くから農業が盛ん。

ちょっと足をのばして
伝統と自然が息づくコナブレ地方へ

　ドブロブニクから南東へ車で約40分のコナブレ地方(Konavle)は、クロアチアの最南端に位置し、スニイェジュニツァ山(Sniježnica)の山麓に広がるのどかなエリアです。ドブロブニク空港もこの地方に含まれ、古くからワイン造りや農業が盛んで、ワイナリーめぐりなどアグリツーリズムも密かに人気です。

　コナブレ地方最大の町がツァブタット(Cavtat)。週末をのんびり楽しみたいドブロブニクの人々が集う小さな港町で、ドブロブニク空港から約3kmの距離にあります。これといった観光スポットはありませんが、ドブロブニク旧市街内より物価も若干安く、アドリア海を眺めながらゆったりと静かな時間を楽しみたい人におすすめ。観光客向けではない、地元の人もよく足を運ぶ評判のレストランも点在します。

ドブロブニクから船でも行ける。海から見たツァブタットの町。

ACCESS ▶▶▶

🚌 ドブロブニクのケーブルカー乗り場のバス停から市バス(10番)で片道約35分(4€)／5:00～24:00の間で1時間に1～2本運行
時刻表 🔗 libertasdubrovnik.hr/linija/2/dubrovnik-cavtat-10
※ツァブタットのバスターミナルの近くにツーリスト・インフォメーション・センターがあるので地図をもらうと便利
⛴ ドブロブニク旧市街内の旧港から定期船で片道約45分(片道15€前後)／各社、主に8:00～20:00の間で1時間に1本程度運航

❶店の真横を澄んだリュタ川が流れる。❷デザートには伝統のロジャータもあるが、濃厚なチョコレートムース(7€)もおすすめ。❸食材を入れた鉄鍋を炭で長時間蒸し焼きにするペカ。❹写真はタコのペカ(34€)、仔牛のペカは26€。いずれも要予約、注文は2人前から。❺敷地内には水車やマスの生けすもある。

🍴 川のせせらぎに癒されながらペカを堪能

Konavoski Dvori コナヴォスキ・ドゥボリ

コナブレ地方に来たらぜひ足を運んでいただきたいのがこの店。ドブロブニク空港から南へ車で15分の、自然豊かなリュタ村(Ljuta)にある人気レストランです。メニューはドブロブニクやコナブレ地方を中心とした伝統料理が並びますが、なかでもイチ押しは「仔牛のペカ」や「タコのペカ」(ペカはP.43参照)。じっくりと蒸し焼きにされた新鮮なタコはジューシーでやわらかく、まさに絶品です。タコのペカは、タコが獲れた日にしか提供されないため、食べられるかは運次第(いずれのペカも要事前予約)。

夏の天気のよい日には、小川の横のテラス席がおすすめ。川のせせらぎに耳を傾けながら食事を楽しむひとときは、とっておきの思い出となるでしょう。ドブロブニクでの最終日、フライト前にゆっくりと食事を楽しんで空港に向かうという過ごし方もおすすめです。

Ljuta b.b, 20217, Ljuta
☎ 020-791-039
URL esculaprestaurants.com/restaurant-konavoski-dvori/
🕐 11:00〜23:00、一部日曜祝日休　※冬季は休業
🚗 ツァブタットからタクシーで約25分(35〜40€前後)

クロアチアでのステイ

クロアチアでは、一般的なホテルのほかに「アパルトマン（Apartman）」と呼ばれる宿泊施設が数多くあります。
ここでは、それぞれの施設の特徴や予約・利用時の注意点をご紹介します。

アパルトマンには専用キッチンが付いている場合もある。

ホテル

・夏の観光トップシーズン、とくに7月・8月になるとドブロブニクやロヴィニ、スプリットをはじめ、海沿いの人気観光都市は、宿泊料金がほかの時期の2〜3倍に跳ね上がるにも関わらず、連日ホテルが満室になることもめずらしくありません。旅行の日程が決まったら、ホテルの予約はお早めに！

・クロアチアのホテルは日本のホテルと異なりアメニティがあまり充実していません。また部屋に電気ポットが設置されていないところも多いため、旅行用のものを携帯するか、お湯が必要な際はホテルのフロントやレストランでスタッフに頼む必要があります。

アパルトマン

・民泊スタイルの宿泊施設（アパートメントホテル）。ホテルと異なり24時間対応のレセプションやスタッフが常駐していません。そのため、鍵の受け渡しのためにチェックインの正確な時間を事前にスタッフにメールや電話で伝える必要があります（飛行機やバスの延着などで到着時刻がずれる際は、必ず連絡を）。

・宿泊者専用の寝室、バスルーム以外にも、専用のキッチンが備え付けられているところもあります。クロアチアでの暮らしをプチ体験できるうえ、一般的に同エリアのホテルとくらべると値段がお手頃なことが多いという点もうれしいポイントです。

持参したいアイテム

・スリッパ　・歯ブラシ＆歯磨き粉　・カミソリ　・ヘアブラシ
・シャンプー＆コンディショナー　・洗顔およびスキンケア用品
・耳栓（どの町でも、人通りが多い旧市街エリアに泊まる際は、耳栓があると安心）

※クロアチアのホテルでは上記以外にも、（一部の5ツ星ホテルを除き）フェイス用コットンや綿棒、爪やすり、ボディローションもあまり見かけません。ホテルによりまちまちなので、お手入れの必須品は持参しましょう。

ドブロブニクのど真ん中に泊まろう
Stradun View
En Suite Rooms & Studio
ストラドゥン・ビュー・エン・スイート・ルームズ & スタジオ

　「ストラドゥン」の愛称で親しまれる、ドブロブニク旧市街のメインストリート（プラツァ通り）沿いの建物に5部屋を有するアパルトマン。観光に抜群のロケーションや快適な部屋はもちろんのこと、最大の魅力はオーナーのムベラさんのホスピタリティ。私もお世話になりましたが、チェックイン時間の取り決めから鍵の受け渡し、滞在中のケアに至るまで、とにかく親切で早い対応に安心感を覚えます。

　ドブロブニク旧市街内では、にぎやかな通り沿いは夜遅くまで騒がしく、夜ぐっすりと眠れないという難点がありますが、ムベラさんのアパルトマンなら心配無用。窓を閉めると旧市街のど真んなかに位置しているとは信じられないほど静かに過ごすことができます。

❶スタジオタイプには専用キッチンや洗濯機も完備。とくに長期滞在の人におすすめ。❷通りに面した部屋から見える、プラツァ通りの素晴らしい眺め。❸全部屋エアコン完備。窓は防音対策がしてあり室内は静か。❹湯沸かしポットは全室完備。

Izmedju Polaca 26, Dubrovnik
☎ 098-511-159　1室150€〜（朝食なし）／全5室（ダブル2室、ツイン2室、スタジオ1室）
URL stradunviewsuiterooms studio.rentalscroatia.info

MAP P.13 A-2

ドブロブニク旧市街を一望する絶景ホテル
Hotel Excelsior Dubrovnik
ホテル・エクセルシオール・ドブロブニク

　ドブロブニク旧市街のプロチェ門から徒歩約10分と、観光にも便利な5ツ星ホテル。ロビースペース、レストラン・カフェバー、そしてシービュータイプの客室の多くからは、ドブロブニク旧市街を真横から眺めることができ、美しい景色を優雅な気分で堪能できます。にぎやかな旧市街から程よく離れているため、アドリア海とドブロブニクの美しい景色を眺めながら、心静かなホテルステイを満喫したい方におすすめです。

　またホテル内のピアノ・バー、アバクス（Abakus）は散策の合間の贅沢なカフェタイムやロマンチックなカクテルタイムに最適。もちろん宿泊客以外も利用可能なので、気軽に立ち寄ってみてくださいね。

アバクスのテラス席。旧市街と海を眺めながら優雅なひとときを。

Ul. Frana Supila 12, Dubrovnik　☎ 020-300-300
1室233€（朝食込み）〜／全159室
アバクス 8:00 〜 24:00、無休
URL adriaticluxuryhotels.com/en/hotel-excelsior-dubrovnik
MAP P.12 B-2

❶非日常を満喫できるデラックス・スイートのリビングルーム。❷ゆったり、居心地いいソファースペースが広がるアバクスの屋内席。❸部屋により景色が異なるので予約時に要確認。❹シンプルで快適、ヴィラ・オダックのスーペリア・ルーム。

旧市街の路地に位置する優雅な宿
The Byron Dubrovnik <small>ザ・バイロン・ドブロブニク</small>

ドブロブニクを「アドリア海の真珠」と称したバイロン卿にちなみ名づけられたブティック・アパルトマン。ドブロブニク旧市街内の静かな路地に位置しており立地も抜群!「カテドラル・ルーム」と「ピアノ・ルーム」の窓からは大聖堂を望むことができます。優雅かつモダンな雰囲気が漂う部屋での滞在は、とっておきの思い出となるはず。親切なスタッフたちもこの宿の魅力のひとつです。

❺ひと部屋ずつ内装や雰囲気が異なる客室。
❻お洒落な雰囲気に包まれた共有スペース。

Pobijana ul. 4, Dubrovnik ☎ 099-668-0145
URL thebyrondubrovnik.com/
🛏 全7室 💰 1室188€〜(朝食なし)

MAP P.13 B-2

059

ドブロブニク
からの日帰り旅
1

ACCESS ▶▶▶

🚌 ドブロブニク中央バスターミナルからコルチュラ島（旧市街）までバスで約3時間半（14,50€程度／1日2～3本運行）

⛴ ドブロブニク・グルージュ港からコルチュラ島まで約2時間～2時間35分（10～25€／夏季：1日6～7本、冬季：1日1本程度）ドミンチェ港に到着する場合はコルチュラ旧市街までフェリーにあわせてバスあり

◎ドブロブニクからの日帰りツアー（80€～）も多数あり

マルコ・ポーロ伝説の島
Otok Korčula
コルチュラ島

かつてヴェネチア共和国の一部だった歴史を持つコルチュラ島は、ワインやオリーブオイルの生産が盛んな島としても知られています。島の中心の町の名前は、島名と同じ「コルチュラ」。ヴェネチア時代の面影を色濃く残す、古く美しい街並みが広がります。非常に小さな街で、ぐるりと1周するのに30分もかかりません。

また、この島には「東方見聞録」の著者であるマルコ・ポーロの生まれ故郷だという伝説があり、マルコの生家とされる家は島の観光スポットとなっています。中世のまま時が止まったような石畳の路地を心と足が赴くままに散策を楽しんでください。

❶人口1万4,600人ほどの小さな島が活気であふれるのは5～10月の観光シーズン。❷1254年に生まれたマルコ・ポーロ。❸マルコ・ポーロの生家とされる建物は博物館になっている。◎8€／11～4月（月～金）10:00～15:00、5～6月（月～土）9:00～17:00、7～10月（毎日）9:00～21:00 ❹路地裏散策が楽しい旧市街。東側の海岸にはレストランが並ぶ。

060

❶旧市街の中心に位置する鐘楼からの眺め。❷細部の彫刻にも注目。入り口にはアダムとイブの像がある。

コルチュラのシンボル
Katedlara sv. Marka 聖マルコ大聖堂

14世紀から16世紀にかけて地元の石工により建てられ、ヴェネチアそして町の守護聖人でもある聖マルコに捧げられたゴシック、ルネサンス様式の大聖堂。鐘楼の階段は人ひとりが通れるくらいの狭さですが、てっぺんは街をぐるりと360度一望できる絶景スポットです。

Trg sv. Marka 7, Korčula
☎ 020-711-049
◷ 9:00～20:00(5・6月18:00)、日曜はミサのため閉館
※10～4月は事前予約の団体のみ受け入れ
◎ 3€(鐘楼は別途5€)

MAP P.12 D-1

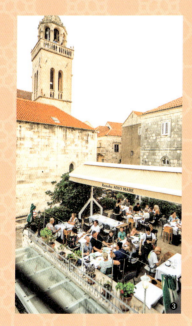

50年以上愛されるダルマチア伝統料理
Adio Mare アディオ・マーレ

1974年の開店以来多くの人に愛され、数々の著名人も訪れた島の名店。新鮮なシーフードを中心としたメニューは、半世紀以上もの間ほとんど変わっていないのだとか。今も昔も変わらぬおいしいダルマチア料理を、コルチュラ島産のワインとともにご堪能ください。夏の時期は予約をおすすめします。

❸天気がよい日は開放的なテラス席が気持ちいい。❹炭火で焼いた獲れたて新鮮なシーフードは絶品!

Ul. Sv Roka 2, Korčula ☎ 020-711-253
URL konobaadiomare.hr/en/home/
◷ 12:00(土日曜17:00)～23:00 ※11～3月は冬季休業

MAP P.12 D-2

ドブロブニクからの日帰り旅　Otok Korčula

061

ドブロブニクからの日帰り旅 2

城壁からはコトル湾と旧市街を一望できる。

「世界一美しい湾」を訪ねて
Kotor コトル

クロアチアの南に接し、「アドリア海の秘宝」とも呼ばれるモンテネグロには、小さくも美しい町が点在しています。なかでも名高いのが世界遺産にも指定されている港都コトル。アドリア海から続くコトル湾の奥深くに位置し、正面は海、背後は険しい山に囲まれた天然の要塞都市です。

15世紀以降にヴェネチア共和国の支配下で地中海貿易の拠点のひとつとして発展。そして、オスマン帝国の脅威から町や周囲一帯を守るために堅固な城壁が築かれました。旧市街には交易で富を築いた貴族たちの邸宅が見られます。1979年の大地震で大きな被害を受けましたが、地元の人々などの努力により復興が進み、かつての中世の美しい街並みが甦りました。

また、アドリア海方面からはローマ・カトリック、山を越えた東側からは東方正教の影響を受けたため、カトリックの聖トリプン大聖堂、東方正教の聖ルカ教会や聖ニコラ教会に代表されるように、2つの宗派が混在、共生しています。

ACCESS ▶▶▶

🚌 ドブロブニクの中央バスターミナルから長距離バスで2時間〜2時間半（片道24〜28€程度／1日4〜10本運行）
URL buscroatia.com/dubrovnik-kotor
◎ドブロブニクからの日帰りツアー（80€〜）も便利

❶旧市街のメインゲート（海の門）をくぐると出迎えてくれる、町のシンボルの時計塔。❷伝統衣装に身を包み民族舞踊を踊るコトルの人々。

ドブロブニクからの日帰り旅 ● Kotor

モンテネグロ基本情報
面積：13,812㎢（福島県とほぼ同じ）／人口：約62万人（2023年）／首都：ポドゴリツァ（Podgorica）／公用語：モンテネグロ語、セルビア語など／宗教：セルビア正教、イスラム教、カトリック、ほか／通貨：ユーロ（EUR）／ビザ：3か月以内の観光目的の滞在なら不要
⚠国境を超える際にパスポートが必要。日帰り旅行の際はお忘れなく！

東方正教の聖ニコラ教会。礼拝に用いられる振り香炉の独特な香りが漂う。

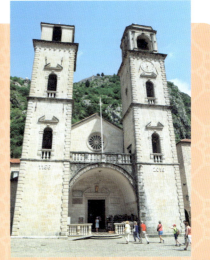

ローマ・カトリックの聖トリプン大聖堂。1166年に建てられ、2度の大地震を乗り越えた。

迷路のように路地が入り組む旧市街。数時間もあれば満喫できる。

🏰 コトル湾を一望する絶景ポイント
Kotorska tvrđava 城壁

　旧市街をぐるりと囲む城壁は、9世紀に建設がはじまり、13〜14世紀頃にヴェネチア共和国の支配下でその大部分が完成しましたが、19世紀まで改装・補強が続きました。街の背後にそびえる山の上まで続き、全長は約4.5km。頂上にそびえる聖ジョバンニ要塞は海抜約280m（旧市街から約1時間）、1400段近い階段を上るとコトル湾と旧市街を一望する素晴らしい景色を堪能できます。

　ただし、その道程はほぼ登山に近く、途中にお手洗いもないので、自信のない人は城壁全体の約3分の1の地点の救済聖母教会（旧市街から約20分）を目指しましょう。15世紀にヨーロッパで大流行していたペストの終焉を願って建てられた石造りの小さな教会です。

城壁は小石が転がる山道のため、すっぽりと足を覆ってくれるスニーカーが理想的。

🕘 8:00〜16:00（夏季20:00）、無休　💶大人15€
◎歩きやすい靴や服装、荷物はできるだけコンパクト＆軽量に。水やタオル、帽子も忘れずに！

MAP P.14 A-2

ドブロブニク
からの日帰り旅
3

オリエンタルな薫り漂う、橋の街
Mostar モスタル

ACCESS ▶▶▶
🚌 ドブロブニクの中央バスターミナルから長距離バスで約3時間半（片道23〜26€程度／1日5本程度運行）
◎ドブロブニクからの日帰りツアー（78€〜）もあり
URL laus-travel.com

古くからイスラム教徒とカトリック教徒が共存してきた、世界遺産の町モスタル

ボスニア・ヘルツェゴビナ基本情報
面積：51,197㎢（愛知県とほぼ同じ）／人口：約321万人（2023年）／首都：サラエボ（Sarajevo）／公用語：ボスニア語、セルビア語、クロアチア語／宗教：イスラム教、セルビア正教、カトリック／通貨：コンベルティビルナ・マルカ（KM）（※ただし、モスタルではユーロ（€）で支払いを受け付けているところがほとんど）／ビザ：3か月以内の観光目的の滞在なら不要
▲国境を超える際にパスポートが必要。日帰り旅行の際はお忘れなく！

ドブロブニクからの日帰り旅 | Mostar

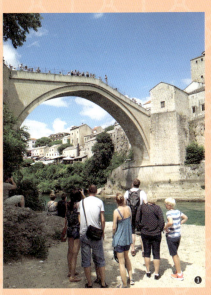

❶スターリ・モストからの飛び込みは、モスタル名物。橋はボスニア・ヘルツェゴビナ紛争中の1993年に爆破され2004年に再建された。❷スターリ・モストの一角にひっそりと佇む石碑「93年を忘れるな」。❸旧市街はヨーロッパとは思えない、エキゾチックな街並みが広がる。❹トルコランプやオリエンタルな模様の器など、見ているだけでワクワクする雑貨が並ぶ旧市街は、買いものも楽しい。❺オスマン帝国の影響を強く受けたため、キリム絨毯づくりも盛んに行われている。❻銅板工芸品を作る職人。旧市街を歩くと銅板を叩くリズミカルな音が聞こえてくる。❼インテリアにもなるトルココーヒーセットや水差し。

　イスラム文化の薫りが色濃く漂うエキゾチックな国ボスニア・ヘルツェゴビナは、古くからカトリック、セルビア正教、イスラム教が共生してきた多宗教国家です。
　モスタルはオスマン帝国に支配された15世紀以降に発展した町で、旧市街にはオリエンタルな雰囲気の建物が立ち並びます。町のシンボルは16世紀に建設されたネレトヴァ川にかかる橋スターリ・モスト（現地の言葉で「古い橋」の意味）。主に橋の西側にはクロアチア系（カトリック教徒）住民が、東側にはイスラム系の住民が暮らしてきました。しかし、旧ユーゴスラビアの崩壊に伴い1992年にはじまったボスニア・ヘルツェゴビナ紛争では、領内に住むクロアチア系、イスラム系、セルビア系の3民族が対立。悲惨な戦いがくり広げられ、モスタルでも多くの人が命を落としました。
　現在、町は平和を取り戻しましたが、町はずれには破壊されたままの建物や、銃痕が残る民家も点在。モスタルは美しいだけではなく、私たちにとって大切な何かを教えてくれる町なのです。

心やすらぐ素朴なモスクの内部。壁や天井のアラベスク（幾何学的文様）が美しい。© Fotokon｜Dreamstime.com

街いちばんの絶景スポット
Koski Mehmed-Pašina džamija
コスキ・メフメド・パシャ・ジャーミヤ

　17世紀初頭、オスマン帝国時代に建てられたモスクで、街で唯一当時の壁の色や装飾の姿をそのまま現代伝える貴重な建物です。ネレトヴァ川沿いに建つこのモスクのミナレット（尖塔）は街いちばんの絶景スポット。頂上までは、すれ違うことができないほどの細い石の螺旋階段をのぼっていきます。また、モスクの裏手にある、川に面したテラスも穴場の写真スポットなので、お見逃しなく。

Mala Tepa 16, Mostar, Bosna i Hercegovina
🕙 10:00〜16:00（季節により異なる）　💰 10KMまたは5€

MAP P.15 B-2

モスク見学時の注意点

・服装
モスク内部に入る時、肌の露出が多い服装はマナー違反。うっかり肩が出るサマードレスやキャミソールなどを着てきてしまった場合は、モスクの出入り口付近で貸してもらえるストールを羽織って拝観させてもらいましょう。

・時間帯
1日5回の礼拝の時間は見学できません。

・神聖な場所であることをお忘れなく
モスクは信者にとっては観光スポットではなく、神聖な祈りの場所。絨毯に寝そべること、飲食すること、フラッシュをたいての撮影はもちろん禁止です。

ドブロブニクからの日帰り旅 | Mostar

シンプルな外観。写真左の建造物は身体を清めるための手洗い場。

ミナレットからの景色。スターリ・モストとネレトヴァ川を一望できる。

オスマン帝国時代の暮らしに思いを馳せる
Bišćevića Ćošak トルコの家

モスタルに現存するオスマン帝国時代の建物のなかでもっとも保存状態のよい、17世紀に建てられた住居。オリエンタルな家具なども展示されており、当時の暮らしを偲ぶことができます。

美しい窓がいくつも並ぶ2階の明るいリビングスペースは、ネレトヴァ川を眼下に眺めることができる憩いの空間。家の前には、噴水のやさしい水の音が心地よく響くトルコ風の庭があります。軒下にはトルコ風の長椅子が置かれており、モスタル散策に疲れたら休憩するのにぴったり。庭先では伝統的なトルココーヒーセットやコーヒーミル（15KM〜）、ペッパーミルなども販売されています。

Bišćevića 13, Mostar, Bosna i Hercegovina
☎ +387(0)36-550-677
⏰ 9:00〜17:00、無休
※11〜3月は冬季休業
💰 3,50€

MAP P.15 B-2

❶かわいいだけではなく実用的なペッパーミル（15KM〜）。❷トルココーヒーセット。ジェズバと呼ばれる小鍋は湯沸かしにも便利（40KM〜）。❸つい腰かけて長居したくなるリビングルーム。❹真夏でも日陰は涼しくて心地よい庭。

🍽 橋を眺めながら、豪快肉料理を堪能！
Urban Taste of Orient
ウルバン・テイスト・オブ・オリエント

　スターリ・モストのある美しい景色を眺めながら食事を楽しみたいなら、この店がイチ押しです。橋を望むテラス席を持つモスタルのレストランはいくつかありますが、橋を正面から眺めることができるこの店のテラス席からの景色は格別。運がよければ、橋からネレトヴァ川への飛び込みパフォーマンスも見られます。

　ボスニア・ヘルツェゴビナで必食の一品といえばケバブ由来の「チェヴァピ」(P.42参照)ですが、特におすすめしたいのがカイマク[※]ソースのチェヴァピ(Ćevapi u Kajmaku／24KM)。野菜が欲しい人はバルカン半島で愛される伝統のショプスカサラダ(Šopska Salata／8KM)をぜひ！

❶テラス席は人気のため、予約するか時間に余裕を持って訪れて。❷濃厚でクリーミーなカイマクとチェヴァピの相性は抜群！❸デザートにはラベンダーのアイスクリーム添えのバクラヴァ(7KM)がおすすめ ❹美しいテラス席は、外観からは想像がつかないかも。

Mala Tepa 26, Mostar,
Bosna i Hercegovina
☎ +387(0)63-410-990
🕗 8:00〜23:00、無休
※1/10〜1/31は休業

MAP P.15 B-2

[※]クロテッドクリームに似た乳製品

Split
スプリット

過去と現代が交差する不思議の街
Split
スプリット

　街の起源は約1700年前のローマ皇帝ディオクレティアヌスが建てた宮殿。235年のマクシミヌス帝の即位後、約50年の間皇帝が何度も入れ替わる不安定な時期が続いていましたが、285年にディオクレティアヌスが皇帝の座に就き、軍人皇帝時代に終止符を打ちました。スプリットは、305年に自らの意思で皇帝の座を退いたディオクレティアヌスが晩年を生まれ故郷(サロナ)の近くで心穏やかに過ごすために建てた宮殿。ここで6年の余生を過ごしたと言われています。

　皇帝の死後、ローマ帝国の衰退に伴い宮殿は数百年にわたり廃墟となりますが、7世紀頃スラブ人などの侵攻によりサロナが侵略されると、逃れてきた人々が住み着き、宮殿の石材を利用して新たな街を築き発展しました。高さ20mの壁が囲う、南北約215m、東西約180mの敷地内やその周辺は、古代ローマ遺跡のなかに現在も人々が暮らしている稀有な世界遺産の町。古代、中世、現代が複雑に絡み合う独特の雰囲気が漂います。

宮殿の4つの入り口の一つ「銀の門」を抜けた先は、かつての宮殿の中心地だったペリスティル(広場)。

Split

ディオクレティアヌス帝とは

　下層農民出身で、父親は奴隷の身分だったとも言われるディオクレティアヌス帝は、着実に努力を続けて出世を重ね、ついに皇帝の座に就きます。それまでの元首政（プリンキパトゥス）から専制君主制（ドミナートゥス）に切り替え、さらに現在のイギリス、スペインから南はアフリカ北部、西はシリアまでおよぶ広大なローマ帝国を治めるために帝国を2分割。マクシミアヌス帝に西半分を統治させ、自らは東半分を統治します。さらに293年には領土を4分割して統治（テトラルキア）するなど帝国の再編に努めました。また「余はジュピター（ローマ神話の最高神）の子である」と名乗り、自らを神格化したカリスマ性に富んだ皇帝でした。一方で303年にキリスト教大迫害を行うなど賛否両論あるものの、有能かつ指導力に富む軍人であったことは間違いないといえるでしょう。

ACCESS ▶▶▶

🚌🚃🚶 ザグレブから国内線で約45分、バスで約4〜7時間半、クロアチア鉄道で約6〜8時間

🚌🚃🚶 ドブロブニクから国内線で約55分、バスで約4〜5時間、フェリーで約4時間15分〜6時間

ローマ時代の記憶を留める地下空間
Podrumi 地下宮殿

　かつての宮殿の敷地内にはローマ時代の面影が残っていますが、地上部分は長い歴史のなかで宮殿に住み着いた人々の手により破壊、増築、改築などが行われました。一方、宮殿の南側の地下にある空間は、倉庫やワイン、オリーブオイルづくりの作業場として使われましたが、人口増加によりゴミ溜めとなりました。1956年の発掘まで人の手が入ることがなかったため、ディオクレティアヌス帝が生きた時代の宮殿の姿をほとんどそのまま留め、建設当時の構造をそっくり反映していると考えられています。

　見学エリアにはローマ時代の水道管や皇帝の胸像（レプリカ）、中世に使われたオリーブの圧搾機などが展示されており、非常に保存状態のよいローマ時代の建物の様子を間近に見ることができます。

❶宮殿上部を支える太い石造りの柱。世界でももっとも保存状態のよいローマ遺跡のひとつ。❷部分的にゴミが劣化し土に還ったところもあるが、取り除くと上部が崩れる恐れがある。❸ローマ時代の水道管も展示されている。

☎ 021-360-171
夏季8:30～20:00、冬季9:00～17:00、一部祝祭日（1/1、12/25・26、11/1、イースター）休　8€
URL mgst.net/dioklecijanovi-podrumi

MAP P.16 D-2

かつての宮殿のメインゲート
Zlatna vrata 金の門

ディオクレティアヌス帝が生きていた時代、このあたりで最大の都市だったサロナへと続く道に通じていたのが、宮殿の北側に位置するメインゲート。ちなみに東は銀の門、南は青銅の門、西は鉄の門。門の正面に立つ巨大な銅像 グルグール像もスプリットの名所として親しまれています。

銅像になっているグルグール・ニンスキ司教は10世紀に実在した人物で、それまでラテン語のみで行われていたミサにクロアチア語を導入し、スラブ言語の保護に貢献したとされるクロアチアの偉人のひとり。金色にピカピカ輝く左足の親指に触れると願いが叶うといわれています。なお、像の近くには11世紀に建てられたベネディクト修道院の一部がわずかに残されています。

❶第二次世界大戦の爆撃による破壊を免れた礼拝堂。❷かつて「金の門」のくぼみにはディオクレティアヌスを含めた4人の皇帝の彫刻があった。❸クロアチアの有名な彫刻家イヴァン・メシュトロヴィッチ作のグルグール像。❹お願い事はひとつだけ。しっかりと心を込めて触れてみて。

MAP P.16 C-2

かつて皇帝の霊廟だった大聖堂
Katedrala sv. Duje 聖ドムニウス大聖堂

　もとはディオクレティアヌス帝の霊廟として造られた建物でしたが、7世紀中頃にキリスト教徒たちの手により破壊され、スプリットの守護聖人である聖ドムニウスを祀る大聖堂へと姿を変えました。長い時の流れのなかで一部破壊、改装、増築されましたが、大きな特徴である八角形の壁面は建設された当時の姿のままです。

　豪華かつ荘厳な雰囲気が漂う内部は、皇帝の霊廟であった時代からずいぶん変わっています。皇帝のために祀られていたものは、石棺を含め徹底的に排除され、キリスト教徒のための祭壇や宗教美術に置き換えられました。キリスト教徒からひどく憎まれていた皇帝の肖像はほとんど残っていませんが、唯一、大聖堂内の壁には皇帝と彼の妻プリスカとされる人物のレリーフが残っています。

❶4つの祭壇がある大聖堂内部。金細工などの宗教美術品などが収められている宝物殿も併設されている。©Saša Bjelan ❷13世紀につくられた、キリストの受難物語の28場面が彫り込まれた入り口の重厚な扉。❸大聖堂の鐘楼は街とアドリア海を見渡せるビューポイント。❹鐘楼からの景色。

Ul. Kraj Svetog Duje 5, Split
021-342-589
【4〜9月】8:00〜20:00、日曜12:00〜18:00、【10〜3月】8:00〜16:00、日曜休、一部祝祭日およびミサ時は見学不可 ※ミサは平日7:30〜（冬季は18:00〜も）、日曜8:00〜、9:30〜、11:00〜、18:00〜（イースターから9月までは18:00〜の回は19:00〜に移動） 大聖堂のみ5€、鐘楼のみ7€、大聖堂・洗礼室・宝物殿・鐘楼のセット13€ URL smn.hr/split-katedrala

MAP P.16 D-2

🏰 いにしえの神殿を利用した洗礼室
Krstionica sv. Ivana Krstitelja 洗礼室

ペリスティル（広場）の西に続く細い路地を進んだ先にある小さな建物。ディオクレティアヌス帝がローマ神話の最高神であるジュピターを祀る神殿として建てたのものですが、後にキリスト教が広まると洗礼室として利用されるようになったため、「ジュピター神殿」または「洗礼室」という二つの名を持ちます。

なかにはイヴァン・メシュトロヴィッチ作の聖ヨハネ像が安置されており、像の前には洗礼盤が置かれています。洗礼盤に彫られている人物はクロアチア王国の王。また、天井に施された見事な彫刻も必見です。

❶入り口前の頭のないスフィンクス。皇帝がエジプトから持ち帰った十数体のうちの一つ。❷神殿当時の装飾が残る天井。64個の正方形の中心には、さまざまな感情の人間の顔が施されている。
©Prof. Mortel

Ul. Kraj Svetog Ivana 2, Split
☎ 021-345-602
🕐【4〜9月】8:00〜20:00、日曜10:00〜18:00、【10〜3月】8:00〜16:00、日曜休、一部祝祭日休　💰3€

MAP P.16 D-2

聖ヨハネの像がある場所には、かつてジュピター神が祀られていたと考えられている。両側にはスプリットの大司教の石棺がある。
©Reguly

075

❶マルヤンの丘のビューポイントからの景色。❷マルヤンの丘への標識。ビューポイントまでの途中には階段もある。❸いつもにぎやかなプロムナード「リヴァ」はカフェが並ぶ。❹ビューポイントからさらに上へ続く坂道の先には礼拝堂や動物園がある。

MAP P.16 B-1

👀 スプリットの街並みを一望！
Marjan park šuma
マルヤンの丘

　スプリット旧市街全体を見渡せる小高い丘。スプリットのプロムナード、リヴァをまっすぐ歩いていくと街の西側に広がる丘の麓にたどり着きます。

　点在する「Marjan」と書かれた案内標識をたどれば迷うことはまずありません。旧市街から写真①のビューポイントまでは片道15分程度。丘にはベンチがあちらこちらにあるので、景色のいいポイントを見つけたら、ちょっと腰をかけてひと休み。喧騒を離れて、心静かにスプリットの風景を堪能してください。時間に余裕があれば、もう少し丘を散策してみましょう。中世のユダヤ人墓地跡や、礼拝堂、小さな動物園などがあります。

　潮風に吹かれながら、松林の清々しい香りのなかを歩くのはとても気持ちいいですよ。とくに夏場の早朝がおすすめです。

🛍 旅の思い出に持ち帰りたいアートグッズ
Art Studio Naranča
アート・スタジオ・ナランチャ

アーティストのマイッチ夫妻が営むギャラリー兼ショップ。ご主人のパヴォさんが手がけたダルメシアン犬やスプリットの街をモチーフにした絵画やポストカード（2€～）、Tシャツ（25€）やエコバッグは、どれもここでしか買えないものばかり。奥さんのマヤさん手づくりのポップなガラスのアクセサリーは、サマードレスをより涼しげに、美しく引き立ててくれることでしょう！

❶クロアチア発祥の犬であるダルメシアンをモチーフにしたアートが多い店内。❷ときおり休憩中で閉まっていることもあるが、しばらくすると開くので気長に待って。❸サングラスをかけたダルメシアンは、この店のマスコット的存在。

Majstora Jurija 5, Split
☎ 095-199-1566
🕘 9:00～21:00（日曜14:00）、無休
※3・11月は日曜休、12～2月は冬季休業
URL studionaranca.com
MAP P.16 C-2

🛍 クロアチア産の自然食品がずらり
Uje ウイェ

オリーブオイルをはじめ、ジャムや塩、トリュフ製品、ワインやリキュールなど、クロアチア産の良質な食品を数多く扱うグロサリー。とくにブラチ島で採れたオリーブを使用したブラキヤ（Brachia）というオリーブオイルは、フルーティで程よい苦みが特徴的です。クラシックなブラキヤのほか、フレーバー付きのものもおすすめ。特にレモン・フレーバーのオリーブオイルはバニラアイスとの相性抜群。ぜひお試しあれ！

❹バジル、オレガノ、ニンニクなど、フレーバー付きのブラキヤ（100ml 8,50€～）。❺ハーブや塩の瓶詰（5g 3,90€～）。❻食品系のおみやげを探すのにぴったり。チーズやプロシュートも揃う。

Ul. Pavla Šubića 6, Split ☎ 099-251-8851 URL uje.hr
🕘 8:00～22:30（10～5月20:00)、10～5月は日曜・祝祭日休
ドブロブニクやシベニクなど、クロアチア各地に支店あり
MAP P.16 D-1

クロアチアらしいキュートなシューズたち
Borovo ボロヴォ

1931年創業のクロアチアでもっとも長い歴史を持つ靴メーカー。履きやすさと品質にこだわり、革、綿、天然ゴムなどすべて天然素材を使用。シンプルかつモダンなデザインの幅広いシリーズを生み出し、老若男女問わず長年愛され続けてきた国民的ブランドです。

クロアチアが社会主義のユーゴスラビアだった時代に、多くの女性たちが工場やレストランなどで立ち仕事をする際に履いていたというボロサナ(Borosana)シリーズは、デザイン性にも優れ、夏の足元をラクにおしゃれに飾ってくれます。キャンバス生地とラバーソールを施したスタルタス(Startas)シリーズは、フラットで歩きやすく普段づかいの靴としておすすめ。クロアチアをイメージしたポップでユニークな柄も多く、おみやげにもよろこばれそう。

❶❷もともと卓球用シューズとして開発されたスタルタスシリーズ（30,39€〜）。❸ヒールがあるのに歩きやすいボロサナシリーズ（29,95€〜）。

Krešimirova 2, Split ☎ 021-361-720 URL borovo.hr
🕗 8:00〜20:00(土曜14:00)、日曜・祝祭日休
MAP P.16 D-2

レディースだけではなく、メンズシューズも多数揃っている。

クロアチアで見かけるさまざまなものがデザインに取り入れられている。

スプリット発チョコレート専門店

Nadalina ナダリーナ

　世界中から集めた高品質のカカオ豆と、クロアチアの特産物を使ったユニークなチョコレートが勢揃い。チョコレートに情熱を注ぐオーナーのマリンコさんのこだわりは「ビーントゥーバー(Bean to Bar)」。スプリット郊外にある工房で、カカオ豆の焙煎から成形まで、チョコレートの製造を一貫して行っています。

　イチジクやキャロブ(イナゴマメ)、ハチミツ、オリーブオイルなど、クロアチアらしいフレーバーがたくさん揃っていますが、私のイチ押しはオリーブオイルとイチジク&デザートワイン。ひとつ3,50€(50g)とお手頃なので、バラマキみやげにもぴったりです。クロアチア各地の食品店などでも販売されていますが、直営店であるスプリット店は種類豊富で、価格もお得です。

❶気になるフレーバーがあれば試食可能。気軽にスタッフに声をかけてくださいね。❷ナッツやドライフルーツがたっぷり入ったチョコレートも。❸ナダリーナの看板商品の板チョコ(6,30€)。フレーバーは12種類以上。❹チョコレートと音楽が大好きなマリンコさん。

Diokleijanova 6, Split
☎ 091-210-8889
🕐 8:00～22:00(土曜14:00)、祝祭日休(冬季は日曜・祝祭日休)
URL nadalina.hr

MAP P.16 C-2

長年地元で愛される名店
Noštromo ノシュトロモ

スプリット旧市街の魚市場の前に店を構える人気店。クロアチアの有名シェフ、ズラトコ・マリノヴィチさんが創業して以来、四半世紀愛されてきたレストランですが、2025年より新しいシェフが就任。創業以来の店名である「ノシュトロモ=「甲板員」の意」の魂を受け継ぎつつ、さらなる高みを目指して新しい航海をはじめました。

店の自慢は今も昔も新鮮な魚介類！ 素材のおいしさを存分にいかした伝統的なダルマチア料理をモダンにアレンジしたメニューが揃います。「日によって替わるメニューなどもあるので、わからないことがあったら気軽にたずねてくださいね」というスタッフ。アットホームな店内の雰囲気とフレンドリーな接客も魅力です。

❶貝とエビの白ワイン煮込み（ブザラ）は22€。❷ほんのりと冷たくまろやかな甘さのセミフレド（7€）。❸パンとの相性抜群、風味豊かなスズキとサメのパテ（15€）。❹創業者であるズラトコさんのお父さんは船乗りだったそうで、店内は船内をイメージしている。

Kraj sv. Marije 10, Split
☎ 091-4056-6666
⏰ 11:00〜24:00、一部祝祭日休
🔗 restoran-nostromo.hr

MAP P.16 C-1

🍽 赤いお鍋がシンボルマーク
Konoba Korta
コノバ・コルタ

　スプリット旧市街内で気軽にダルマチア料理を楽しみたいならここ！　新鮮なシーフードやお肉、オーガニック野菜を使った伝統料理のほか、ダルマチア地方を中心としたワインも豊富に揃っています。親切でフレンドリーなスタッフもこの店の魅力。大人数でいろいろシェアして、ワイワイ楽しむのがおすすめです。

❶ かわいらしい赤いお鍋はこの店のシンボル！ ❷ お天気のいい日はテラス席が気持ちよい。❸ タコのサラダ、ドライトマト＆オリーブあえ（18,50€）。

Poljana Grgura Ninskog 3, Split　☎ 021-277-455
⊙ 8:00～24:00, 無休 ❄冬季は休業
🔗 instagram.com/konobakorta/

MAP P.16 C-2

🍽 海を望む穴場レストラン
Restoran Adriatic
レストラン・アドリアティック

　街の喧騒を離れ、のんびり優雅な食事タイムを楽しむならこの店へ。アドリア海を望む崖の上に建っており、気候がよい季節のテラス席は最高です！ 何を食べても絶品ですが、やはり自慢は新鮮なシーフード。ここで過ごす特別なひとときは、きっと旅のよい思い出となることでしょう。

❹新鮮な海の幸を少しずつ楽しめるシーフードプレート（24,90€）。❺地元っ子にも人気のため、特に夏は予約必須。

Sustipanski put 2, Split
☎ 021-398-560
⊙ 12:00～24:00, 無休 ❄ 12/24, 12/25, 1/1休
🔗 restaurantadriatic.com

MAP P.16 B-1

おしゃれ空間で味わう創作料理
Bokeria Kitchen & Wine Bar
ボッケリア・キッチン・アンド・ワインバー

ダルマチア地方の伝統料理にモダンなアレンジを加えた人気の創作料理店。おしゃれで広々とした空間が印象的な店内は、いつも多くの人でにぎわっています。地元の旬の食材がふんだんに使われた料理は、季節ごとにメニューが変わり、地元のリピーターを飽きさせないのも人気の秘密。とくに夏の観光シーズン中は混み合うため、予約をおすすめします。

Domaldova 8, Split　☎ 021-355-577
⏰ 8:00～12:00, 12:30～23:30（11～5月22:30）、12/25休
※11、2月は数週間ほど冬季休業あり（要問い合わせ）
URL facebook.com/bokeriasplit

MAP P.16 C-1

❶予約はメール（hello@bokeria.hr）のみ受付。❷4～10月の8:00～11:30はクロワッサンセットやトリュフのオムレツなど朝食メニュー（8～15€）あり。❸皮までパリパリ、フレッシュなスズキのフィレ（31€）。

❹ワイングラスを傾けながらローマ遺跡の雰囲気を楽しむ優雅なひととき。❺濃厚なチョコレートとクルミがクセになるルクソールケーキ（4,50€）。❻エレガントな雰囲気の店内。朝食は8:00～11:00まで。

Kraj Sv. Ivana 11, Split
☎ 021-341-082　URL lvxor.hr
⏰ 8:00～24:00、無休
※1/1は14:00まで

MAP P.16 D-2

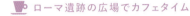

ローマ遺跡の広場でカフェタイム
Lvxor Café ルクソール・カフェ

スプリット散策に疲れた時の休憩にぴったりのペリスティルに面したカフェ。優雅な雰囲気の店内も素敵ですが、天気のいい日はローマ遺跡の階段に腰かけて、広場や鐘楼を眺めながらまったり楽しんで。厳選されたクロアチア産のグラスワインも常時30種類ほど揃っています（125ml／10€～）。夏は夜になるとギターの弾き語りのライブも行われ、とてもロマンチックな雰囲気に包まれます。

☕ スプリットでおいしいコーヒーを飲むなら
D16 ディー・シックスティーン

「旧市街内でおいしいコーヒーを飲むならここ!」と地元っ子に大人気のカフェ。世界中からフェアトレードで取り寄せた100%アラビカ種のコーヒー豆を自家焙煎しており、そのおいしさは街いちばんと評判です。静かでゆったりできる店内は、つい長居してしまう居心地のよさ。どれもおいしいですが、とくに暑い夏の日のアイス・カフェラテは格別です!

❶ 上質な豆を使用したコーヒー（2€〜）は街いちばんと評判。クロワッサン（2,20〜2,80€）も。❷ アイス・カフェラテ（4,30€）。テイクアウトも可能。❸ 店内はコーヒーのよい香りで包まれている。

Dominisova ul. 16, Split
☎ 091-790-0705／098-361-200
URL instagram.com/d16coffee
⏱ 7:00〜18:00（10月中旬〜3月16:00、12/31のみ13:00）、月曜およびイースター、クリスマス、11/1、1/1休
※ザダルに姉妹店あり（Poljana Pape Aleksandra III 3, Zadar）

MAP P.16 D-2

🛍 売り切れ御免の人気パン
Kruščić クルシュチッチ

「スプリットでいちばん!」と多くの地元っ子が太鼓判を押す人気のパン屋さん。世界中のパンを研究したオーナー夫妻が編み出したり、クロアチアの伝統的なレシピから生み出されたりしたパンのなかには、ほかの店では見かけないユニークなものも。スプリット近郊の水車で挽かれた全粒粉をはじめ天然由来の素材だけを使用し、店内の工房で毎日ていねいに焼き上げています。

❹ 昼過ぎにはほとんど売り切れるので、朝いちがおすすめ。❺ 惣菜パン、菓子パンも20種類近く。イチ押しはシナモンロール（2,60€）。

Obrov ul. 6, 21000, Split
⏱ 8:00〜14:00、日曜・祝日休
URL facebook.com/Kruscic.Split

MAP P.16 C-1

🏢 スプリット旧市街で広々滞在！
Promenade Apartment
プロメナーデ・アパートメント

　スプリットのプロムナード（リヴァ）沿いに位置する、立地抜群56m²の広々2LDKのアパルトマン。ダブルベッドルーム2部屋、ソファベッド1台が設置されたリビングルームは最大6名まで滞在可能です。客室が狭いところが多いスプリット旧市街のホテルのなかでも、リーズナブルな価格で広々と滞在を楽しめます。

　専用のキッチンには冷蔵庫、種類豊富なキッチンツールや調味料が揃っているので、市場で地元の食材を買って、みんなでワイワイ料理を楽しみたい人にもうってつけ！食洗機も完備されており、まさに至れり尽くせりです。

　専用のバスルームの洗濯機は、無料で使用可能。すぐ下の階には親切なオーナーのネヤシュミッチさんが住んでいるので、万が一の際にもすぐにコンタクトがとれて安心です。

❶気軽に料理もできる設備が整っている。❷プライバシーがしっかり守られるダブルベッドルーム。❸清潔なバスルーム。タオルもたっぷり用意されている。❹広々としたリビングダイニングルーム。

Obala Hrvatskog narodnog preporoda 8, Split ☎095-350-1166
🛏1室150€〜（2泊以上より予約受付）／1アパート

MAP P.16 D-1

❶ 客室の大きさやデザインはすべて異なる。鐘楼が見える部屋は302、303号室。❷ 居心地の良さに魅せられたリピーターも多い。

宮殿でアットホームなホテルステイ
Hotel Peristil ホテル・ペリスティル

「銀の門」のすぐ側に建つ家族経営のブティックホテル。壁の一部には宮殿の壁がそのまま使われており、アンティーク調の家具でまとめられた居心地のよい部屋で、ローマ遺跡を間近で感じながらステイを楽しめます。ローマ遺跡内のホテルというだけで特別ですが、最大の魅力はあたたかく親切なスタッフ。ここでのひとときは、素敵な旅の思い出となることでしょう。

Poljana kraljice Jelene 5, Split
☎ 021-329-070
シングル 80€〜、ダブル 100€〜（朝食込み）／全 12 室
URL hotelperistil.com

MAP P.16 D-2

旧市街のモダンなホテル
Hotel Marmont ホテル・マルモント

スプリット旧市街エリアに位置する、シックでモダンなホテル。観光にも便利なロケーションで、新旧が入り混じる独特の雰囲気も魅力的。ホテル併設のレストラン「マーシャル」は、15世紀当時の壁の一部が残るエレガントな空間。宿泊客以外も食事や喫茶を楽しめるので、スプリット散策の合間に立ち寄ってみてくださいね。

Zadarska ulica 13, Split ☎ 021-308-070
シングル・ダブル 100€〜（朝食込み）／全 21 室 URL marmonthotel.com
※スプリット旧市街内は車両の乗り入れが禁止されているが、到着直前にフロントに電話でお願いすると、近くの駐車場スペースまでホテル専用のゴルフカートで送迎してくれる

MAP P.16 D-1

❸ 毎日 7 時から 22 時まで営業している「レストラン・マーシャル」。
❹ クロアチアのホテルにしてはめずらしく、客室に電気ポットも完備。
❺ ピンク色のかわいい外観が目印。

スーパーで買えるクロアチアみやげ

スーパーはその国や土地の人々の日常が垣間見えたり、
その土地でしか手に入らないものに出会えるので、行くだけでとてもワクワクしますよね！
そんなスーパーで買えるとっておきのクロアチアみやげをご紹介します！

Čokolada チョコレート

クロアチアのスーパーはチョコレートの種類が豊富。左はクロアチアみやげの定番、クラッシュ（Kraš）社のバヤデーラ（Bajadera）。個包装になっているため、職場などへのおみやげにもぴったり（200g／16個入り約8€～）。右は、ズヴェチェヴォ（Zvečevo）社の板チョコ（2,69€～）。クランベリーやレーズンなどのドライフルーツ、ナッツ入りのチョコレートは食べ応え満点でおいしい。

クロアチア産のイチジクやオレンジ、サワーチェリーを使用したジャム（約3,60€～）。トーストはもちろん、ヨーグルトやお菓子づくりにも◎。

Džem ジャム

Vegeta ベゲタ

クロアチアをはじめ旧ユーゴ圏で広く愛される調味料。数種類の香辛料とタマネギ、ニンジンなどの野菜を乾燥させた粉末でできている（200g入り約2€～）。魚用、肉用、サラダ用などさまざまな種類がある。

美しいアドリア海で育まれた塩。写真は「塩のキャビア」と称されるほど高品質、高級なニン（アドリア海沿いの街）の塩（125g入り約7,55€～）。

Sol 塩

Pivo ビール

クロアチアを代表する定番の三大ビールはオジュイスコ（Ožujsko）、カルロヴァチコ（Karlovačko）、パン（Pan）。どれもAlc.5%前後のラガータイプで500ml入り約1,45€～。フルーツ果汁入りのほか、瓶入りやペットボトル入り（2～2.5L）もある。

Vino ワイン

クロアチアワイン（P.120参照）もスーパーならお手頃価格で手に入る。1本12€以上の値段を目安に。クロアチアらしい赤ワインならプラヴァッツ・マリ（Plavac Mali）やバビッチ（Babić）、白ワインならマルヴァジヤ（Malvazija）、ポシップ（Pošip）などがおすすめ。187ml入りのミニボトルもある。

086

クロアチアでは定番のポテチのフレーバー（1袋120g／2,30€～）。ほんのり香るパプリカが、やみつきになるおいしさ！

Ajvar
アイヴァル

赤パプリカやナスなどを煮込んで作ったペースト（350g入り2,40€～）。パンに塗ったり、肉料理の付け合わせに◎。

薄く伸ばした生地を筒状に巻いた「フジ（Fuži）」は、ロヴィニ（P.149～）があるイストラ半島の伝統的なパスタ（500g／約4,70€～）。ふわっと軽い食感が特徴で、トリュフパスタ用におすすめ。

Čips paprika
パプリカ風味のポテトチップス

Tjestenina
パスタ

クロアチアはチーズの種類も豊富。パグ島のチーズ（Paški sir／1kg50€前後）やトリュフ入りチーズは（sir s tartufima／1kg42€前後）ワインのおともにも。

Sir チーズ

トリュフが特産のクロアチアでは、街中のスーパーでもトリュフ製品が手に入る。ペースト状のものはスクランブルエッグやパスタソースに混ぜるだけで、簡単トリュフ料理に！小瓶（80g）約10,70€～

Instant tjestenina
インスタントパスタ

Proizvodi od tartufa
トリュフ製品

お湯を沸かして袋の中身を全部入れて、焦げ付かないように混ぜるだけで簡単にアツアツのパスタが完成するすぐれもの（2人分約2,30€～）。

ハーブ栽培が盛んで、ハーブティーを日常的に飲む習慣があるため種類豊富。クロアチアらしいのはカモミールだが、ローズヒップ、リンデン、ストロベリーやセージなどいろいろな種類が揃う（1箱20g約1,80€～）。

クロアチアの家庭で愛されるフランク（Franch）社のコーヒー（250g入り3,80€～）。トルコココーヒーのように煮出して飲む人が多い。

Mljevena kava
コーヒー粉

Biljni čaj
ハーブティー

087

スプリットからの日帰り旅 1

石畳の路地が入り組む世界遺産の古都
Trogir トロギール

ACCESS ▶▶▶

🚌 スプリット中央バスターミナルから約30分（1時間に2～3本程度／片道2,40～6,50€）
⛴ スプリット港発ーチオヴォ島のスラティネ（Slatine）経由ートロギール港行きの船（カタマラン）で約1時間（1日3～4本程度／片道8€）※5月上旬～10月上旬のみ運航 URL buraline.com
🚌 シベニクから35分～1時間10分（1時間に1本程度）、片道6～9€

カメルレンゴ要塞からトロギールの赤い屋根の中世の街並みを望む。右はチオヴォ島。

イヴァン・パヴァオ2世広場に面して建つ時計塔。向かいに聖ロヴロ大聖堂がある。

スプリットの西、約25kmに位置する世界遺産の小さな古都。トロギール旧市街が位置する小島（東西約500m、南北約200m）は、本土とチオヴォ島の間の狭い海峡に位置しており、周りをぐるっと城壁で囲まれています。街の起源は紀元前3世紀に古代ギリシャ人により築かれたトラグリオンという植民都市でしたが、7世紀頃になるとスプリットと同様、スラブ人やアヴァール人の侵攻によりサロナから追われた人々が街を大きく発展させました。ヴェネチアの支配下にあった15世紀初頭から18世紀末の約400年間に、多くの宮殿や民家、塔、堅固な要塞が築かれ、迷路のように入り組む石畳の路地には、ロマネスク、ルネッサンス、バロック様式など、さまざまな時代の建物がひしめいています。そのため「旧市街全体が博物館」と称され、散策が楽しい街です。

🔭 トギールの町を一望！
Tvrđava Kamerlengo
カメルレンゴ要塞

15世紀にヴェネチア共和国の支配下で、外敵から街を守るために旧市街の西端に築かれた要塞。上部の展望台はトギールの美しい街並みと海を一望することができる人気の絶景スポットです。

石造りの堅固な要塞。

Obala bana Berislavića, Kula Kamerlengo, Trogir
🕐 [6〜9月]8:00〜22:00頃、[4、5、10月]10:00〜16:00頃 ※日により変動あり ※11月〜イースター頃は閉鎖 💰 大人5€、子ども（12歳未満）無料

MAP P.14 D-1

🏰 さまざまな時代の建築・美術の宝庫
Katedrala sv. Lovre
聖ロヴロ大聖堂

3世紀に殉教した聖ロヴロ（ラウレンティウス）に捧げられた、イヴァン・パヴァオ2世（ヨハネ・パウロ2世）広場に建つ大聖堂。13〜15世紀にかけて建てられ、さまざまな時代の建築様式が組み合わさっています。

入り口の重厚で美しい門は、13世紀の建築・彫刻の巨匠ラドヴァンが造ったクロアチアを代表するロマネスク美術の傑作。各月の人々の生活の様子を表したレリーフ（左上から下に順に12・1・2月、右4・3月）、イエス・キリストの生涯、使徒、動物などが彫られています。聖イヴァン礼拝堂はヨーロッパでもっとも美しい初期ルネサンス期の芸術と称えられています。高さ47mの鐘楼は旧市街を見下ろせるビュースポット。1階部分は15世紀前半のゴシック様式、2階は15世紀半ばのヴェネチアン・ゴシック様式。17世紀初頭に完成した最上階（3階）はバロック様式の要素を備えたルネサンス様式。頂上部分にはヴェネチアの彫刻家アレッサンドロ・ヴィットリアが造った4体の像が飾られています。

❶

❷

❸

Trg Ivana Pavla II. 6, Trogir
📞 021- 881-426
🕐 8:00〜20:00、日曜10:00〜18:00、冬季8:00〜16:00頃、日曜・祝日休
※ミサは見学不可。大聖堂側の都合でクローズとなることも
💰 6€（鐘楼は5€）、大聖堂+鐘楼10€
🌐 smn.hr/trogir-sv-lovre

MAP P.14 C-2

❶トギールのシンボルの大聖堂。鐘楼は街中のいたるところから見える。❷聖イヴァン礼拝堂の天井には、天から地上を見守る神様の彫刻が。©Greta Gabaglio/Dreamstime.com ❸ディオクレティアヌス宮殿の洗礼室をモチーフにしたと言われる「聖イヴァン礼拝堂」。❹ラドヴァンの門。両サイドに獅子に乗ったアダム（右）とイヴ（左）がある。

メイド・イン・クロアチアがいっぱい！
Stari Trogir
スターリ・トロギール

　クロアチア各地から集められた雑貨や小物、アート作品、コスメ製品、お菓子などが所狭しと並べられている素敵な空間。かわいらしくセンスのよいものばかりで、見るだけでもワクワクした気分になります。商品の多くがハンドメイドで、トロギールのマスコット的存在である「カイロスのレリーフ」はアーティストである店主イヴォさんの手づくりです。

Blaženog Augustina Kažotića 6, Trogir
☎ 021-881-743　⊙ 5〜9月＝9:00〜23:00、無休／3・4月・10〜12月10:00〜17:00（土曜14:00）、日曜休　※クリスマスと12/31は休業、1・2月は冬季休業
MAP P.14 D-1

❶まるで宝探しでもするかのようにウキウキした気分になれる店内。❷アドリア海で採れた海綿。水で濡らすとお肌にやさしいフワフワの天然のスポンジに。❸涼しげな魚のオブジェ（30€前後）。❹トロギールの街並みのオブジェ（1個9€〜）。

ユニークなヘアスタイルのチャンスの神様

　トロギール旧市街の聖ニコラ修道院には紀元前3世紀のカイロスのレリーフが保存されています。カイロスとはギリシャ神話に登場する、最高神ゼウスの末の息子。「一瞬の時・幸運」を司る神様として知られています。風貌は、両肩と両脚に翼がついていて、髪は前髪しかなく、後ろはツルツル。人々の前を疾風のごとく一瞬で駆け抜けていく、非常にすばしっこい「チャンスの神様」です。カイロスをつかまえることができるのは一瞬、前髪を掴むことができた時だけ。つまりチャンスが巡ってきた時は素早く掴み取らなければならないのです！

カイロスはトロギールのマスコット的存在。

☕ 石畳のテラス席でカフェタイム
Đovani ジョバニ

聖ロヴロ大聖堂から歩いてすぐのカフェ。お手頃価格でスイーツやコーヒーが楽しめ、長年地元っ子にも愛されてきた憩いの場所です。自家製のケーキやアイスクリームのほか、トロギールの伝統菓子「ラフィオリ」も。アーモンドやチョコレート、マラスキーノ（サクランボのリキュール）などのフィリングが詰まったお菓子です。4〜9月は朝食メニュー（5〜10€）もあり。

❶20種類以上のケーキが並ぶショーウィンドウ。❷見た目が餃子のようなラフィオリは、コーヒーとの相性も抜群。❸トロギール散策の合間の休憩にぴったり。

Gradska 15, Trogir
☎ 021-881-075
🕐 7:00〜22:00(5・6・9月24:00、7・8月翌1:00)、無休 ※クリスマス、1/1・2休
🔗 kavana-dovani.eatbu.hr

MAP P.14 D-2

🍽 中庭のテラス席が素敵な伝統料理店
Tragos トラゴス

ダルマチア地方の伝統料理を提供する、家族経営のアットホームなレストラン。気候のよい季節には開放的な中庭のテラス席で涼みながら、ゆったりと食事を楽しめます。同名のホテル(Heritage Hotel Tragos)を併設しており、世界遺産の街トロギールに泊まってみたいという人におすすめです（1室80€〜）。

爽やかな風が心地よい、テラス席でのひととき。

具だくさんの魚介のブロデット(1人前25〜30€)。

Budislavićeva 3, Trogir
☎ 021-884-729 🕐 7:00〜24:00、無休
※12〜3月は冬季休業 🔗 tragos.hr/hr

MAP P.14 C-2

スプリットからの日帰り旅 2

世界が恋するラベンダーの島
Otok Hvar
フヴァル島

夏はバカンスを過ごす人でいっぱいになるが、11〜4月は休業となるホテルや店が多い。
©Elena

5〜10月の観光シーズンには世界中から多くの観光客が訪れるリゾートアイランド。豊かな自然やギリシャ・ローマ時代から続く深い歴史が息づいています。

リゾート拠点のフヴァル・タウンは、港沿いにホテルやヴィラ、ナイトクラブが建ち並び、夏は"眠らない町"となります。城塞やアルセナル(ヨーロッパ最古の公共劇場)、古代ギリシャ・ローマから中世にかけての貴重なコレクションなどが展示されるフランシスコ会修道院、聖ステパノ大聖堂など数々の歴史的建造物が点在します。

一方、のんびりと楽しみたい人はスターリ・グラードへ。紀元前4世紀頃にギリシア人入植者が建てた町で、クロアチア語で「古い町」の意味を持ちます。古代ギリシア人がブドウやオリーブを育てる土地を区切るために造った石の壁は今も活用されており、スターリ・グラード平野とその一帯は2008年に世界遺産に登録されました。町にはヘクトロヴィッチの要塞など歴史的建造物も残っています。

ラベンダーの見頃は6月初旬〜7月中旬。ブルスイェ(Brusje)が有名。©Patrice-Muc8

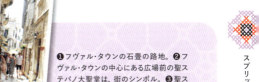

スプリットからの日帰り旅　Otok Hvar

❶フヴァル・タウンの石畳の路地。❷フヴァル・タウンの中心にある広場前の聖ステパノ大聖堂は、街のシンボル。❸聖ステパノ広場に面したアルセナルは、1612年に建てられたヨーロッパ最古の公共劇場。

ACCESS ▶▶▶

◎島の玄関口となる港はフヴァル、スターリ・グラード、スチュライの3港

🚢スプリットからフヴァル・タウンまでカタマラン（スピードボート）で約1時間（1日に2〜10本程度）、片道6〜25€

🚢スプリットからスターリ・グラードまでフェリーで約2時間（1日に1〜7本程度、片道5,90〜8,40€（3〜12歳 3〜4,20€）

🚢ドゥルベニクからスチュライまでフェリーで約35分（1時間半〜3時間半に1本程度）、片道2,40〜4,10€（3〜12歳 1,40〜2,10€）

◎チケットはオンラインでの事前購入か現地チケットカウンターでの購入が一般的（夏の観光シーズンは売り切れの場合も）。夏の観光シーズンは混み合うため、現地購入の場合は前日までに購入を！

島内の交通

🚌フヴァル・タウンからスターリ・グラドは公共バスで約30分（1時間に2〜4本程度）、片道5€。タクシーなら移動途中にラベンダー畑やナポレオン要塞からの絶景を楽しめるので、よりおすすめ（50〜70€）

島で1泊するなら、フヴァル・タウンとくらべ静かで物価も安いスターリ・グラードがおすすめ。

©Masar1920 | Dreamstime.com

細く白い糸は、フレッシュなリュウゼツランの葉の芯から採れる。

世界無形文化遺産のクロアチアのレース

　聖ベネディクト会修道院に伝わるレースは、リュウゼツラン（アガベ）という植物から採れる繊維を紡いだ糸が使用されているのが特徴。その手法は島の修道女だけが受け継いでおり「幻のレース」とも呼ばれています。このフヴァル島のレースと、レポグラヴァ（Lepoglava）のボビンレース、パグ島（Pag）のニードルレースは、2009年に世界無形文化遺産に登録されています。

左・聖ベネディクト会修道院にはレースが展示される博物館もある。右・太陽や花をモチーフにしたフヴァル島のレース。

©Tomaya

093

島々とアドリア海を一望
Gradska tvrđava
(Fortica) 城塞

フヴァル・タウンの北の小高い丘の上にそびえる要塞。ほかのスポットを後回しにしてでも訪れていただきたいおすすめの場所です。

ヴェネチア共和国の支配下の13世紀に建設がはじまり、島を見守り続けてきました。現在の姿となったのは16世紀中頃。ヴェネチアがオスマン帝国の侵攻を防ぐために、古い要塞の上に新しい要塞を築きました。

フヴァル・タウンの中心地である聖ステパノ大聖堂前の広場から城塞までは徒歩20分ほど。延々と階段や坂道が続きますが、のぼりきった先には筆舌に尽くしがたい絶景が待っています！風に吹かれながら、真っ青な海の上を気持ちよさそうに走るヨットやボートをぼーっと眺めていると、日々のストレスや悩みも海の彼方へ飛んでいきそうです。

❶城塞内にはカフェや海底から見つかった古代のアンフォラ（陶器）の展示スペースもある。❷広場から続く階段をのぼっていく。❸城壁の上からは、街並みや海の向こうに広がる島々まで見渡すことができる。

Biskupa Jurja Dubokovića 80, Hvar
☎021-717-126　◉9:00～22:00（6～8月以外は短縮の可能性あり）、無休 ※11月～イースターまで閉鎖
◎大人10€、7～16歳5€（7歳未満は無料）

MAP P.90

こだわりのクロアチア産食材店
Za Pod Zub ザ・ポド・ズーブ

クロアチアの美しさとおいしさに惚れ込み、スターリ・グラードに移住したフランス人カップルが経営する店。ワイン、ハチミツ、ジャム、パスタ、お菓子、アイスクリームなど、フヴァル島をはじめクロアチア各地から仕入れた高品質な食品を多数扱っています。イチ押しのクロエさん一家が育てた貴重なサフラン（0.1g／6,50€）は、ここでしか手に入りません。

Srinjo kola 11, Stari Grad
☎095 8197 792　⏰10:00～14:00／17:00～19:00（夏季22:00）、無休　※11月～イースター頃は冬季休業
🔗zapodzub.com

MAP P.90

❶約250種類もの厳選された良質な商品が並ぶ店内。❷自家栽培の貴重なサフランは、リゾットやスープに。❸あたたかい人柄で多くの人に慕われるクロエさんとイヴァンさん。

リピーター続出のダルマチア料理店
Dalmatino ダルマティーノ

1987年創業のフヴァル・タウンにある家族経営の人気店。料理に使われる食材のほとんどがクロアチア産、フヴァル島のもの。パスタやニョッキをはじめ、ケチャップやマヨネーズ、各ソースも自家製というこだわりぶり。料理のおいしさはもちろん、スタッフのあたたかさに惚れ込んで、島に滞在中毎日足を運んだというリピーターも多くいます。フヴァル島名産のワインとともに召し上がれ！

Sveti Marak 1, Hvar
⏰11:00～24:00、日曜・祝祭日休
※11～4月中旬は冬季休業
🔗dalmatino-hvar.com

MAP P.90

❹スズキのグリル、フヴァル島産のそらまめ添えと、エビがたっぷり入ったイカ墨のニョッキ。❺席数が限られているので、確実に行くなら予約は必須！❻お父さんから引き継いだ店を大切に守るデニスさん（右）と気さくなスタッフたち。

スプリットからの日帰り旅　Otok Hvar

スプリットからの日帰り旅
3

世界遺産の大聖堂のある要塞の古都
Šibenik シベニク

ACCESS ▶▶▶
🚌 ザダルから約1時間半（1時間に1本程度）、片道8〜12€
🚌 スプリットから約1時間半（1時間に1〜2本程度）、片道8〜10€

上・町全体が丘のようになっており、階段が多い。　左・石畳が続く街並み。

大聖堂と海を一望する絶景ポイント
Tvrđava sv. Mihovila
聖ミカエル要塞

旧市街の北側、小高い丘の中腹に建つ要塞。シベニクの街とアドリア海を一望でき、旧市街に4つある要塞のうち、もっとも美しい眺望をもちます。いちばん古い部分は13世紀のものですが、現在残っている要塞の大部分は15〜16世紀のヴェネチア時代にかけて築かれました。

クルカ川の河口に築かれた古都。アドリア海沿岸地域でクロアチア人により築かれた町としては最古で、町の名前がはじめて文書に記されたのは1066年、クロアチア王ペタル・クレシミル4世の治世のこと。15世紀にはオスマン帝国の侵略に脅かされましたが、町を囲む4つの堅固な要塞により守り抜かれました。また「階段の街」と称される旧市街内は階段がとても多く、変化に富んだ景色も大変魅力的。路地を曲がるごとに異なるフォトジェニックな景色に出会うことができ、そぞろ歩きが楽しい町です。

Zagrađe 21, Šibenik　☎ 091-497-5547
🕐【4・5・9月】9:00〜20:00、【6〜8月】9:00〜22:00、【3・10月】10:00〜18:00、【11〜2月】10:00〜16:00　※12、1月の祝日は休業、ほか要塞内でイベントなどがある時は入場できない場合もあり（要事前問い合わせ）　◎大人10€、子ども（7〜18歳）6,50€
※チケットはバロン要塞、聖イヴァン要塞と共通
🔗 tvrdjava-kulture.hr

MAP P.17 A-1

旧市街から階段をのぼって徒歩15分程度。

シベニクのシンボルの世界遺産
Katedrala Svetog Jakova
聖ヤコブ大聖堂

1431年から約100年以上もの歳月をかけて建設された大聖堂。1441年から工事施工者の代表格として携わった建築家のユーライ・ダルマティナッツはそれまでのゴシック建築にルネッサンス様式の要素を取り入れ、非常に美しい洗礼室も手がけました。また外壁には当時のシベニク市民をモデルにした74人の頭部の彫刻を施しました。キリスト教施設に飾るのは聖人しか許されなかった時代、一般市民の顔が大聖堂に彫りこまれることは実に画期的でした。木やレンガを一切使用しない石造建築の大聖堂としては世界最大。1991年からのクロアチア独立戦争時に一部が破壊されたクーポラ（屋根）は戦後に修復され、2000年に世界遺産に登録されました。

Trg Republike Hrvatske 1, Šibenik
8:00〜19:00、無休
※冬季は12:00〜16:00の時間帯は閉館
※日曜のミサ中は見学不可
10€（聖ヤコブ大聖堂解説センターの入場料含む）
聖ヤコブ大聖堂解説センター URL civitassacra.hr/

MAP P.17 A-1

❶細かい彫刻が施された壁面や正面のバラ窓も必見。❷美しい曲線を描く大きなドーム型の天井や内部の柱、壁、すべてが石。❸74人の彫刻は大聖堂の建設のために寄付をしなかった市民のものだという面白い説も。❹洗礼室の天井の繊細な彫刻も必見。

気軽にシーフードを食べるなら
Peškarija ペシュカリヤ

天気のよい日のカジュアルなランチにおすすめのレストラン。店名の「ペシュカリヤ」は現地の古い言葉で「魚市場」の意味。アドリア海で獲れたイカのグリル（1kg／20€）は肉厚でジューシー。潮風が気持ちいいテラス席で楽しんでください。

Obala palih omladinaca 4, Šibenik 091-111-2727
11:00〜23:00、無休 ※1〜3月は冬季休業、クリスマスとイースターは休業

MAP P.17 A-1

写真のイカのグリルは350g程度。シーフードパスタ（16€）はムール貝やエビがたっぷり！

スプリット
からの日帰り旅
4

世界いち美しい夕日の街
Zadar ザダル

水平線の向こうに沈むザダルの夕日。

　かつてヴェネチア共和国時代にダルマチア地方の中心として栄えてきたザダルは、長い歴史のなかで幾度となく他国の攻撃を受けてきました。1797年にヴェネチア共和国が滅亡した後、ザダルの支配はオーストリアに引き継がれ、フランスやイタリア、ユーゴスラビアの一部であった時代を経て、1991年よりクロアチアとなりました。
　ローマ時代から中世、現代にいたるまで多くの歴史的建造物が残る街。しかしこの小さな港町がたくさんの人の心を惹きつけるの最大の理由は、美しい夕日。それを有名にしたのは、映画監督ヒッチコックの言葉でした。「ザダルの夕日は世界でもっとも美しい。フロリダのキーウェストの夕日よりも……」
　真っ青に輝く空とアドリア海を、真っ赤に染めながら沈んでゆく太陽に、監督は作品へのインスピレーションを得たのかもしれませんね。

❶建築家ニコラ・バシッチ(Nikola Bašić)がクロアチア独立戦争で荒廃した街の復興のために、平和への願いを込めてつくった直径22mの巨大な作品「太陽への挨拶(Pozdrav Suncu)」。ソーラーパネルが埋め込まれており、夜になるとカラフルに光る。❷同じくバシッチによる作品「シーオルガン(Morske orgulje)」。海岸の石段の下に、さまざまな長さ、太さの35本のパイプが埋め込まれており、流れ込んだ水に押し出された空気が不思議な音を奏でる。

ACCESS ▶▶▶

🚌 スプリットから約2時間半〜3時間半（1時間に2〜4本程度）、片道12〜20€
🚌 ザグレブから約3時間半〜5時間（1時間に1〜3本程度）、片道12〜27€
🚌 シベニクから約1時間半（1時間に1〜2本程度）、片道8〜12€
ザダル中央バスターミナル　URL liburnija-zadar.hr

四重のアーチと美しいバラ窓が印象的。
右は聖ストシャ大聖堂の鐘楼。

🏰 ダルマチア地方最大の大聖堂
Katedrala sv. Stošije
聖ストシャ大聖堂

　3つの身廊を持つ、ダルマチア地方でもっとも大きい大聖堂。初期キリスト教のバジリカの跡地に、12、13世紀にロマネスク様式で建てられました。ディオクレティアヌス帝の時代に殉教し、ザダルの守護聖人でもある聖ストシャ（アナスタシア）を祀っています。隣接する鐘楼はザダルの街並みを一望することができるビュースポット。

Trg Svete Stošije, Zadar　MAP P.17 C-1
⊙9:00〜18:00(冬季17:00)、不定休 ※ミサ中は見学不可
◎3€、鐘楼は4€、大聖堂＋鐘楼5€

🏰 ザダルのシンボル
Crkva sv. Donata
聖ドナト教会

　フォーラム（ローマ時代の広場。中世に軽犯罪を犯した者が見せしめのために縛られた「恥の柱」が残っている）に面して建つ、街のシンボルとして愛されている教会。9世紀にプレ・ロマネスク様式で建てられた円形の独特な形をしており、音響が素晴らしいことから、今日ではコンサート会場として使われています。

Trg Svete Stošije 3, Zadar　☎023-250-613
⊙9:00〜閉門時刻は時期により異なる[17:00（4、5月、10/16〜31）、19:00（6/1〜7/12、9/1〜10/15）、21:00（7/13〜8/31）]、無休
※11〜3月閉館　◎大人3,50€(10歳未満無料)

MAP P.17 D-1

🍽 ザダル名物のマグロを堪能
2 Ribara　ドヴァ・リヴァラ

　実はザダルは日本にマグロをたくさん輸出している「マグロの町」。この町でマグロを堪能するなら、50年以上地元で愛されているこの店へ。肉厚のマグロの切り身のグリルにルッコラとミニトマト、チーズがミックスされたノストロモ・サラダ（19€）は一品でお腹いっぱいになる食べ応え。店自慢のマグロのステーキやイカ墨のリゾットも◎。

❶ジューシーでうまみたっぷりのマグロのステーキ（18,56€）。❷濃厚なイカ墨リゾット（15,91€）は、口が真っ黒になるのも忘れて夢中になるおいしさ。

Blaža Jurjeva 1a, Zadar
☎023-213-445
⊙11:00〜23:00(日曜22:00)、無休 ※12/25は休業
URL 2ribara.com

MAP P.17 D-2

スプリットからの日帰り旅 Zadar

099

スプリット
からの日帰り旅
5

左・洞窟の入り口は小さいので、頭を低くして入る。右・洞窟の奥は広く、天井も高い。その全体が青色に。

神秘的な青に包まれる空間
Biševo-Modra špilja
ビシェボ島 - 青の洞窟

　アドリア海に浮かぶ小さな島、ビシェボ島。オリーブ畑やブドウ畑が広がるのどかなこの島には、青く輝く洞窟がひっそりと潜んでいます。小舟で洞窟内へ進んでみると、そこには海面も、岩肌も、人もボートもすべてが青く輝く幻想的な光景が広がります。どこまでもブルーに澄みわたる水面を進む小船は、まるで青の空間を飛んでいるかのよう。ただただ溜め息だけがもれる美しい神秘的な空間では、時間さえも止まっているかのように感じます。なお、ビシェボ島の青の洞窟へアクセスできるシーズンは4〜10月です。

ACCESS ▶▶▶
スプリットまたはフヴァル島（フヴァル・タウンの港）から日帰りツアーに参加するのが便利。夏は各町の港周辺や旅行会社の窓口で申し込み可能だが、人気なので日本出発前に申し込みを済ませておくと安心。
◎スプリットからの日帰りツアーは120€前後（スピードボートでフヴァル島やヴィス島などの島もめぐる。10時間程度）、フヴァル島からの日帰りツアーは120€前後（8時間程度）

洞窟内に太陽の光が差し込み、すべてを青に染める神秘の空間。©Paul Prescott | Dreamstime.com

Zagreb
ザグレブ

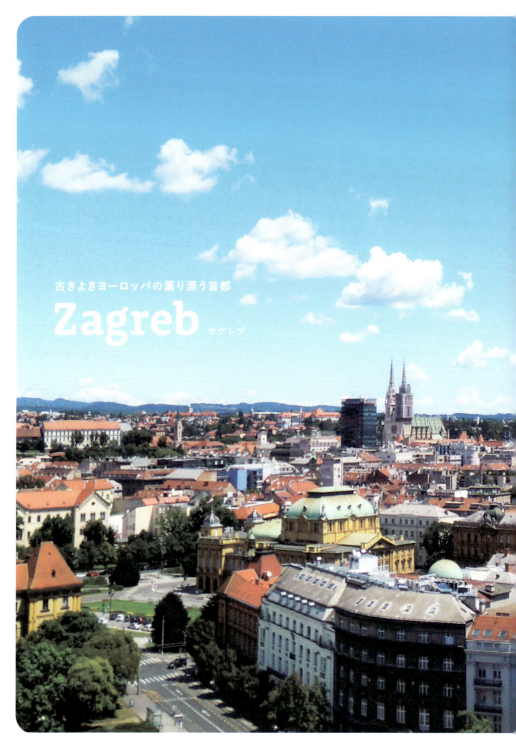

古きよきヨーロッパの薫り漂う首都
Zagreb ザグレブ

ザグレブには背が高い建物がほとんどなく、見上げれば空が広く感じられる。

古きよきヨーロッパの薫りと、どこかノスタルジックな雰囲気が漂うクロアチアの首都ザグレブ。首都と言ってもこぢんまりとしているので、主な観光スポットだけなら半日もあれば徒歩でも十分にまわれます。私自身も2013年からザグレブに住んでいますが、ゆったりとした時が流れ、あたたかい人々が住むこの街が大好きです。

単に観光スポットをめぐるだけではなく、青空市場を覗いたり、街角のカフェで地元の人々に混じってコーヒーを飲んだり、緑が美しい公園でのんびりしたり、ぶらぶらショッピングを楽しんだり、美術館・博物館めぐりを楽しんだりするのがザグレブ旅の醍醐味です。

ザグレブがノスタルジックな雰囲気に包まれるのは夕暮れ時。旧市街エリアには1863年に設置されて以来、今でも現役で活躍するガス燈が200基以上残っており、夕暮れ時になると一つひとつ灯りをともしてまわるおじさんがどこからともなく現れます。また、天気のよい日の夕方にはロトルシチャック塔付近の高台へ。刻一刻と色を変える黄昏時の不思議な色の空の下、ガス燈のやさしい光がともる街はどこか懐かしい気持ちにさせてくれます。

ACCESS ▶▶▶
- ドブロブニクから国内線で約55分
- スプリットから国内線で約45分

ふたつの街に分かれていたザグレブ

ザグレブが歴史的文献にはじめて登場したのは1094年のこと。司教区が設置され、聖母被昇天大聖堂の建設がはじまったこの年からザグレブの街の歴史がスタートします。かつてザグレブは、ローマ・カトリックの聖母被昇天大聖堂を中心とした聖職者の町「カプトル」と、聖マルコ教会を中心とした丘の上の商人(一般民衆)の町「グラデッツ(現ゴルニ・グラード)」に分かれており、今日のトカルチチェバ通りに流れる小川が境界線でした。1850年に二つの町は統合され、19世紀後半にザグレブは急速に発展しました。

🇭🇷 1日でザグレブを満喫しよう

時間があればのんびり過ごしていただきたいザグレブですが、1日で見どころをまわるなら、こんなプランはいかがでしょう? 見どころはほとんど徒歩で回れるところに集中していますし、トラムも走っているので安心です。

START!

2 ドラツ市場は、朝6時半から15時頃まで開いている。

1 イェラチッチ総督広場は、通年さまざまなイベントが開催されるなど、いつもにぎやかな広場。

3 パステルカラーの建物が並ぶトカルチチェバ通り。

4 石の門の上についている小さなイガイガの飾りは中世の魔女除け。

5 世界いち短い公共交通機関ウスピニャチャは片道0.66€(10分に1本の間隔)。横の階段なら徒歩で約5分。

　ザグレブ散策は、街の中心地イェラチッチ総督広場から。イェラチッチはオーストリア=ハンガリー帝国時代の軍人で、1848年のハンガリー革命の鎮圧の功績をオーストリアから認められ、クロアチアのバン(総督)に任命された人物。農奴制を廃止するなど、国民的英雄のひとりと評され、今では街のシンボルとして親しまれています。広場の裏手のドラツ市場でザグレブの人々の食生活を垣間見た後は、カフェやパブ、レストランが多いトカルチチェバ通りやみやげもの屋が軒を連ねるラディチェバ通りの坂を通って石の門(P.107)へ。
　屋根瓦が印象的な聖マルコ教会(P.105)を見学し、ロトルシュチャック塔(P.108)の正午の大砲を見たら、ウスピニャチャに乗りイリツァ通りへ下りましょう。ウスピニャチャは1890年から運行している全長66mのケーブルカーで、今でもザグレブっ子たちに愛されています。お昼ごはんを食べてひと休みしたら、聖母被昇天大聖堂(P.106)へ。さらに、時間があればバスで10分ほどでミロゴイ墓地(P.109)へぜひ。
　ガス燈がともりはじめる夕景を堪能するならロトルシュチャック塔付近の高台がおすすめ。夜は光に包まれたイリツァ通りも美しく、トラムも深夜0時過ぎ頃まで頻繁に走っています。スリに気をつけつつザグレブの夜を楽しんでください!

6 空がオレンジやピンク色に染まる夕景。カタリーナ教会の裏のビューポイントより。

一つひとつ
ともされるガス燈。

ザグレブ市内をほぼ
カバーするトラムは深
夜まで運行している。

キュートな屋根瓦の教会
Crkva sv. Marka 聖マルコ教会

ゴルニ・グラードの中心にある教会。13世紀中頃にロマネスク様式で建設され現在でも内部に当時の太い柱が残っています。14世紀にゴシック様式の礼拝堂とアーチが造られ、19世紀末にミロゴイ墓地(P.109)聖母被昇天大聖堂(P.106)を設計したヘルマン・ボレーによりネオ・ゴシック様式により修復されて現在の姿に。有名な屋根瓦もその時に造られたものです。

週末の朝は蚤の市へ！

❶国会議事堂や首相官邸など国家の中枢機能が集まるザグレブ広場に建つ。❷向かって左は左上からクロアチア王国、ダルマチア地方（動物はヒョウ）、スラヴォニア地方（動物はテン）の紋章。右は月と星が3つの塔の上に配置されたザグレブ（グラデッツ）の紋章。

Trg sv. Marka 5, Zagreb
☎ 01-4851-611
内部は見学不可。
MAP P.18 A-2

❸宝探しのように楽しい蚤の市散策。❹たくさん買うなら上手に値段交渉も楽しんで！

ブリタンスキ広場（英国広場）では、土日朝に蚤の市が開催されています。アンティークの家具や雑貨、古いポストカードやレコード、旧ユーゴスラビア時代の品々、ハンドメイドのアクセサリーなど、覗いてみるだけでもワクワクした気分に。ひょっとしたら掘り出しものに出会えるかも!?

Britanski trg, Zagreb ☎ 01-4822-016
土曜7:00〜14:30、日曜7:30〜14:30 悪天候時は店が少ないこともあり
MAP P.18 B-1

❶ステンドグラス越しにやさしい光が降り注ぐ。❷クロアチア人の初の洗礼から1300周年を祝う文言がグラゴール文字で刻まれている。

ザグレブの歴史を見つめ続けてきた大聖堂
Katedrala Uznesenja Blažene Djevice Marije

聖母被昇天大聖堂

　ザグレブにはじめて司教区が設立された1094年に建設がはじまって以来、街の歴史とともにある大聖堂。長い歴史のなかで増改築をくり返し、ゴシック様式、バロック様式の特徴を持ちますが、現在のネオ・ゴシック様式の2つの尖塔を持つ姿となったのは1880年の大地震の後です。

　しかし、2020年に発生した地震により双方の尖塔が損壊。大聖堂内部も被害を受け、修復工事が進められています。そのため、2025年現在も内部に入ることができません。正式な発表はありませんが、修復が完了するにはあと5年とも10年ともいわれています。訪れる際には最新の情報を確認してください。

＊2020年の地震の影響で2025年現在修復工事中 🚫印の場所は見学不可。

修復が完了したら、ぜひ見たい内部の様子は──

入ってすぐ右側の高い壁一面に刻まれている不思議な文字は「グラゴール文字」(スラブ語圏最古とされる文字)。現在ロシア語やセルビア語などで使用されているキリル文字の原型になったとされます。祭壇奥の美しいステンドグラスの中央に描かれているのはザグレブの守護聖人である聖母マリア。ザグレブを走るトラムやバス、街の紋章の青い色は聖母マリアの外套が由来です。大聖堂の壁の一部に安置されている、イヴァン・メシュトロヴィッチがつくったレリーフ(ステピナッツの墓石＝写真❹)も必見です。

🏛 神聖な祈りの門
Kamenita vrata
石の門

❶石の門のなかは昼夜問わず、いつもガス燈の光で照らされている。❷ロウソクを捧げる人々。

中央のステンドグラスの真ん中には青い外套を着た聖母マリアの姿が。

かつてグラデッツ[※]は敵の侵入から街を守るために堅固な城壁で囲まれており、街に通じる門は6か所ありましたが、現存している門はこの「石の門」のみ。

門のなかには小さな礼拝堂があり聖母子のイコンが安置されていますが、これは1731年の大火災で奇跡的に無傷で焼け残ったもの。現在の門は18世紀につくり替えられたもので、今でも毎日祈りを捧げに来る人が絶えません。

❸ザグレブ市内のいたるところから見える108mの尖塔は、ヘルマン・ボレーによる設計。現在は地震で損壊した先端部分の修復工事が進められている。
❹旧ユーゴ政府により、戦争犯罪人の烙印を押されるも、新政府により取り下げられたステピナッツ大司教(左)。

※聖マルコ教会を中心とした丘の上の商人の町

Kaptol 31, Zagreb　☎ 01-4814-727
🕙 10:00(日曜13:00)～17:00、無休　💰拝観無料
※2024年現在、内部は拝観・見学不可

MAP P.19 A-3

URL Kamenita ul., Zagreb　MAP P.18 A-2

街いちばんのビュースポット
Kula Lotrščak ロトルシュチャック塔

　グラデッツ[※]の小高い丘の上に建つ塔。13世紀にグラデッツの南の入り口を守るために建てられ、19世紀に現在の姿となりました。かつてグラデッツが城壁で囲まれていた時代、夕暮れ時に住人たちに閉門を知らせるための合図として鐘楼を鳴らしていました。城壁がなくなった今、その鐘は使われていませんが、今では毎日正午きっかりに轟音とともに大砲(空砲)が放たれます。心の準備をしていても、飛び上がってしてしまうほどの爆音で、迫力満点です！

　展望台は知られざる絶景スポット。ガラスや柵など視界を遮るものがなく、素晴らしいパノラマを楽しむことができます。塔の1階には観光案内所もあります。

※聖マルコ教会を中心とした丘の上の商人の町

❶塔の展望台はザグレブの街を一望できる絶景スポット。❷正午ぴったりに大砲が打ち放たれた後、周辺の教会の鐘がいっせいに鳴りはじめる。❸毎日欠かさず大砲を撃つアレムさん。

Strossmayerovo šetalište 9, Zagreb
☎ 01-4851-768
🕘 9:00(土日曜11:00)～19:00、月曜休
1/1,12/25,26は休業、12/24,31は11:00～15:00　◎大人3€、子ども(18歳以下)2€
URL gkd.hr/kula-lotrscak

MAP P.18 A-2

🏰 ヨーロッパいち美しい墓地

Groblje Mirogoj ミロゴイ墓地

「ヨーロッパでもっとも美しい墓地」のひとつと言われる、秘かな人気スポット。広大な敷地にさまざまな形の墓碑や十字架、美しい彫刻が並びます。ここにはカトリック教徒だけでなく、正教徒、ユダヤ教徒なども眠っており、宗教の違いによって墓碑の装飾が異なる点も興味深いです。とくに美しいのは蔦が絡まる見事な回廊。お墓ですが、散歩するとあまりの美しさに心が安らぎます。　一段とその美しさを増すのが大勢の人々がお墓参りに訪れる、11月1日（諸聖人の日、クロアチア語では「スヴィ・スヴェティ（Svi sveti）」）の夜。国や宗教が違っても先立ってしまった愛する家族や友達を偲ぶ気持ちは同じ。たくさんのキャンドルが光り輝く光景はとても幻想的です。

しかし、2020年に発生した地震により建物が被害を受け、2025年現在修復工事中。回廊は見学できませんが、その様子を楽しんでいただけるよう、あえて写真を掲載いたしました。修復が完了したのちに、ぜひ美しい回廊を訪れていただきたいと思います。その際には最新の情報を確認してください。

❶初代大統領フラニョ・トゥジュマンなど、クロアチアの多くの著名人も眠る。❷11月1日の夜に輝く無数のキャンドルは幻想的。❸ギャラリーのような美しい回廊は、建築家ヘルマン・ボレー（Hermann Bollé）による設計。❹一つひとつの墓石が個性的で、まさにアート。※❸と❹は2025年現在見学不可。

Mirogoj 10, Zagreb
☎ 01-469-6700
🕐 6:00〜20:00（10月〜3月は7:30〜18:00）、無休
© 無料　※2025年現在回廊見学不可
🚌 大聖堂前のバス停「Kaptol」から106番バスで約10分、「Mirogoj」下車
URL gradskagroblja.hr

地図範囲外

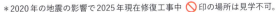

＊2020年の地震の影響で2025年現在修復工事中　🚫印の場所は見学不可。

赤いパラソルが広がるザグレブの台所
Tržnica Dolac
ドラツ市場

ザグレブのど真ん中に位置し、「ザグレブの胃袋」とも呼ばれる市場。野菜や果物、肉、魚、乳製品などの食材はもちろん、靴ブラシや編みかごなどの日用雑貨、キーホルダーやテーブルクロス、ラベンダーのポプリ、サッカーのユニフォーム風Tシャツなど、観光客向けのおみやげも揃い、ショッピングが楽しい場所です。

Dolac 2, Zagreb
⊖屋外＝6:30～15:00（日曜13:00）、一部祝祭日休／屋内＝7:00～14:00（日曜13:00）、一部祝祭日休
※天候などにより閉店が早い場合も
URL trznice-zg.hr/default.aspx?id=298

MAP P.18 A-2

市場で買えるおみやげ

Med
ハチミツ

養蜂が盛んなクロアチアでは、良質なハチミツがお手頃価格で手に入る（450g／6€前後）。また、免疫力を高める健康食品として親しまれているプロポリス（proporis）や美容と健康に良いとされるミツバチ花粉、「ビーポーレン（cvjetni prah）」もよく見かける。

Bagrem（バグレム）：定番のアカシアのハチミツ。クセが少なく食べやすい味。**Lipa**（リパ）：リンデン（菩提樹）の花から採れるハチミツ。スッキリとした甘みとハーブのさわやかな香りが特徴的。リンデンのハーブティーと同様リラックス効果があるといわれている。**Kesten**（ケステン）：栗の花から採れるハチミツ。濃い褐色で栗の渋皮のようなほろ苦い後味が特徴。チーズやプロシュートにかけるほか料理やお菓子づくり向き。**Livada**（リヴァダ）：草原に咲くさまざまな花からミツバチたちが集めた百花蜜。味や風味はそれぞれ。**Kadulja**（カドゥリャ）：免疫力を向上させるハーブとして知られるセージの花から採れるハチミツ。あっさりとした甘みが特徴。

おもなハチミツの種類

新鮮な食材が手に入る市場は毎日地元の人々でにぎわう。赤いパラソルはザグレブのシンボルのひとつとして愛されている。

Zagreb

Čaj
ハーブティー

クロアチアでは「お茶(čaj)」と言えば、一般的にハーブティー。さまざまな種類が50g／2,50〜5€前後(種類により異なる)で売られている。店で尋ねると、それぞれの効能を教えてもらえる。

Bučino ulje
パンプキンシードオイル

カボチャの種から採れたオイル。ビタミンやミネラルが豊富で美容や健康によい食品として知られており、サラダやパンとの相性もばっちり。ローストしたカボチャの種(100g／1,50€程度)はおやつにおすすめ。

Lavanda
ラベンダーグッズ

フヴァル島やイストラ半島で栽培が盛ん。市場ではポプリ(1個1,50€〜)や精油(10ml／4€前後)などがリーズナブルに売られており、おみやげにも人気。

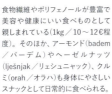

Suha smokva
ドライイチジク

食物繊維やポリフェノールが豊富で美容や健康にいい食べものとして親しまれている(1kg／10〜12€程度)。そのほか、アーモンド(badem／バーデム)やヘーゼルナッツ(lješnjak／リェシュニャック)、クルミ(orah／オラハ)も身体にやさしいスナックとして日常的に食べられる。

Arancini & Bademi u šećeru
オレンジピールやアーモンドの砂糖漬け

素朴だけど食べ出したら止まらないおいしさで、コーヒーやお茶のおともにぴったり。ドブロブニクの青空市場でもよく見かける(100g／6€程度)。

❶

🛍️ ザグレブ最古の薬局
Gradska ljekarna Zagreb - Kamenita 9

ザグレブ市薬局（石の門店）

❷

❸

Kamenita ulica 9,Zagreb　☎ 01-4852-109
🕐 8:00 〜 16:00、土日曜・祝祭日休
🌐 gljz.hr/ljekarne/kamenita-9

MAP P.18 A-2

　石の門のすぐ側にある、1355年創業のザグレブ最古の薬局。「神曲」の作者ダンテのひ孫、ニコロ・アリギエーリが薬剤師として働いていた記録もあります。この薬局オリジナルのリップバーム(3,01€)はおみやげにも◎。そのほか伝統的なレシピ、天然成分、現代薬学の組み合わせによって生み出された「アポテカリウム（Apothecarium)」のスキンケアアイテムもおすすめ。どれもここでしか買えないものばかりです。

❶現役で営業を続ける薬局はザグレブの人々にとって頼もしい存在。❷小さくて軽く、プチプライスなリップクリームはおみやげに最適。❸オリジナルのスキンケアアイテムアポテカリウムも要チェック！❹薬局しからぬ外観。知らないと通り過ぎてしまいそう。

❹

🛍 クロアチアを代表するハーブコスメ
Aromatica アロマティカ

長年クロアチアで愛される自然派コスメショップ、アロマティカのザグレブ本店。店内はハーブのよい香りに包まれ、石鹸やアロマオイル、マッサージオイル、スキンクリーム、ハーブティーなど、さまざまなアイテムが揃っています。スタッフもとても親切で、商品の説明をていねいにしてくれます。お肌や身体の不調を相談すると、自分にピッタリの商品やハーブの効能を教えてくれますよ！

MAP P.19 B-3

❶いつも元気いっぱいのスタッフ、サンチッツァさん。ハンドクリーム(25ml／6,50€)もおすすめ。❷1日の疲れを癒すマッサージにおすすめのボディオイル(100ml／10,60€)。❸ハーブのよい香りに包まれる店内。

Vlaška 15, Zagreb ☎ 01-4811-584
🕘 9:00～21:00、土曜8:00～15:00、日曜・祝祭日休 ※クリスマス、年末年始、イースターは休業
🔗 aromatica.hr

🛍 高品質なクロアチアの食品を買うなら
Witrina ヴィトリナ

クロアチア産の高品質な品々のみを集めたグロッサリー。オリーブオイルやハチミツ、チョコレート、トリュフ製品、ジャム、塩などなど、クロアチア土産としても人気のアイテムが勢揃いしています。特にワインは種類豊富で、クロアチア各地から厳選されたものが集められています。食品系のおみやげはここに来れば間違いなくいいものが買えますよ。

❹店内のトリュフ製品の一部とオリーブオイルは無料テイスティングも可能。❺特におすすめはミロシュのオリーブオイル(250ml／20€)。❻サラダによく合う白トリュフのバルサミコクリーム(100ml／12,75€)。❼ダルメシアン柄のパッケージもかわいいチョコレート(45g／3,60€)。

Vlaška ul. 7, Zagreb
☎ 098-955-4918
🕘 9:00～21:00、日曜・祝日休
※ 12/24、12/31は時間短縮営業
🔗 witrina.eu

MAP P.19 B-3

おとぎ話の世界が広がるアトリエ
Jasmina Kosanovic Atelijer
ヤスミナ・コサノヴィッチ・アテリエル

　人形作家、水彩画家、絵本の挿絵作家など、そのあふれる才能を活かしてビジュアルアーティストとして多方面で活躍しているヤスミナさんのアトリエ兼ギャラリー。ここはアイデアが生まれ、物語が紡がれ、想像力の魔法がきらめく特別な空間。居心地がとてもよく、童心をくすぐられてやさしい気持ちになれる大好きな場所です。彼女の作品を眺めていると楽しい空想の世界に引き込まれて、心があたたかくなるのが感じられます。気に入ったものがあれば購入することも可能。きっと旅の素敵な思い出となることでしょう。

Petrinjska ul. 40, Zagreb
☎ 098-795-773
🕐 12:00 〜 20:00頃、土曜10:00 〜 13:00頃、日曜・祝日休 ※臨時休業もあるので事前に問合せを推奨
URL jasminakosanovic.com/

MAP P.19 C-3

❶ 季節ごとにテーマが変わるギャラリーのウィンドウ。
❷ おとぎ話の世界に迷い込んだような気分になるアトリエ内。
❸ やさしい色あいの美しい水彩画たち（1点20€〜）。
❹ ヤスミナさんによって命を吹き込まれるドールたち。
❺ ハンドメイドのドールは1体20〜100€。

ザグレブのおすすめミュージアム

たくさんの博物館や美術館、ギャラリーがひしめくザグレブ。
たっぷり時間がある場合は、いろいろめぐるのも楽しいですが、
ここでは私のお気に入りを2軒紹介します！

素朴なナイーブアートの世界に触れる
Hrvatski muzej naivne umjetnosti ナイーブアート美術館

日本語で「素朴画」と訳されるナイーブアート。もともと美術に関する正式な教育を受けていていない人たちが独学で描く絵のことです。クロアチアのナイーブアートは農村部に住む農家の人々が、農閑期に自分たちの日常生活の様子や身のまわりの風景を描きだしたことがはじまりだといわれています。この美術館ではイヴァン・ラブジンをはじめ、クロアチアを代表するナイーブアーティストの作品が展示されています。

❶どこかアンバランスだけれど味があるナイーブアートの世界。❷ほっこりとしたあたたかさと透明感にあふれるガラス絵。❸クロアチアのナイーブアートの巨匠イヴァン・ラブジンの作品。

Sv. Ćirila i Metoda 3, Zagreb,
☎ 01-4851-911
⏰ 9:00～17:00(木金曜19:00)、日曜10:00～14:00、祝祭日休
💴 5,50€、15歳未満3€
🔗 hmnu.hr/hr

MAP P.18 A-2

話題のユニークな博物館
Muzej prekinutih veza
失恋博物館

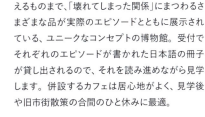

❹あるカップルの離婚騒動を目撃した小人。❺展示されている品はすべてクロアチア国内外からエピソードを添えて寄贈されたもの。❻居心地よい雰囲気に包まれたカフェ。

悲しい恋の物語から皮肉たっぷりのクスッと笑えるものまで、「壊れてしまった関係」にまつわるさまざまな品が実際のエピソードとともに展示されている、ユニークなコンセプトの博物館。受付でそれぞれのエピソードが書かれた日本語の冊子が貸し出されるので、それを読み進めながら見学します。併設するカフェは居心地がよく、見学後や旧市街散策の合間のひと休みに最適。

Ćirilometodska 2, Zagreb
☎ 01-4851-021
⏰ 9:00～22:00(10～5月21:00)、一部祝祭日休
※ 12/24、12/25、1/1、11/1、イースター休 ※最終入場は閉館30分前まで
💴 大人7€、子ども・学生・65歳以上 5,50€
🔗 brokenships.com

MAP P.18 A-2

🛍 クロアチアらしいジュエリーを買うなら

Jewelry Corals Art by Maria Tomkić
マリア・トムキッチ

Krvavi most 1, Zagreb
☎ 01-481-3308
🕘 9:00 〜 20:00、日曜・祝祭日休
MAP P.18 A-2

❶職人手作りの「銀のボタン」のピアスは1ペア35€前後〜(量り売り)。❷白いターバンを巻いた黒人男性がモチーフのモルチッチ(22€〜)。❸銀のリツィタルのペンダントトップは25€〜。❹ジュエリーがよく似合うオーナーのマリアさん。

ザグレブっ子にも人気の地元密着型ジュエリー・ショップ。クロアチア伝統の「銀のボタン」を使ったペンダントやピアスのほか、世界無形遺産にもなっている、赤いハートをかたどったジンジャークッキー「リツィタル(Licitar)」やリエカの幸運のお守り「モルチッチ(Morčić)」をモチーフにしたもの、コナブレ地方に伝わる伝統的なピアス、珊瑚のジュエリーなど、クロアチアらしいさまざまな品を扱っています。

::

🛍 クロアチアのアーティストグッズがずらり

Link リンク

雑貨、バッグ、靴、Tシャツ、アクセサリーなど、クロアチアのアーティストが手がけたさまざまなアイテムを取り扱う店。かわいいだけの飾りではなく、日常的に使えるものを中心に集めています。この店のためだけにデザインされたグッズもあるので、気に入ったものがあればお見逃しなく！

Radiceva ul. 27, Zagreb
☎ 01-4813-294
🕘 10:00 〜 20:00、
日曜11:00 〜 18:00、無休 ※クリスマス、年末年始、イースターと12 〜 4月の日曜休
URL galerija-link.hr
MAP P.18 A-2

❺オーナーのアーニャさんの抜群のセンスで集められた商品たち。
❻犬や猫をかたどったキュートなラベンダーのポプリ(各19,91€)。
❼ザグレブのランドマークが描かれたオリジナルのエコバッグ(10€)。
❽アーニャさんがデザインしたコースター(各3,98€)。

🛍 ハンドメイドのレザーグッズ
Koza コザ

ゾリチッチさん一家が営むハンドメイドのレザーバッグの店。工房で一つひとついねいにミシンで縫い上げられる、シンプルで上質な牛革のバッグは軽いのに丈夫。普段使いにもぴったりで、私も日頃愛用しています。バッグのほかにベルト(45€〜)や財布(10€〜)などもあり、男性用のアイテムも揃っています。ロヴィニとポレチュにも店舗があります。

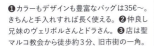

❶カラーもデザインも豊富なバッグは35€〜。きちんと手入れすれば長く使える。❷仲良し兄妹のヴェリボルさんとドラさん。❸店は聖マルコ教会から徒歩約3分、旧市街の一角。

Basaričekova ul. 18, Zagreb　☎ 098-614-033
⏰ 11:00〜19:00(土曜16:00)、日曜・祝祭日休
※15:00〜16:00は休憩のためクローズ
🌐 facebook.com/KOZA-1491615657738391

MAP P.18 A-2

🏛 サッカー・クロアチア代表ファン必見！
Budi Ponosan ブディ・ポノサン

イェラチッチ総督広場に面する一角に位置するミュージアム。クロアチアのサッカーの歴史、歴代のユニフォームやトロフィー、写真などを展示しています。2018年FIFAワールドカップで準優勝し、世界を沸かせたクロアチア代表の活躍の記憶があざやかによみがえります。

❹記念撮影できるパネルもある。❺店名は英語で「Be proud (誇りを持て)」の意味。❻サッカー・クロアチア代表のファンにはたまらない空間。

Petrinjska ul. 2, Zagreb
⏰ 10:00〜18:00、日月曜休　💰 無料
🌐 hns-cff.hr/hns/multimedijski-centar

MAP P.19 B-3

Croata クロアタ
ネクタイ発祥の国で思い出の1本を

❶一つひとつのデザインに由来があるので、スタッフに尋ねてみて。❷クロアチア発祥のダルメシアンをモチーフにしたネクタイ(76€)。❸シルク100%の肌触りのよいスカーフ(232€〜)。❹蝶ネクタイも種類豊富(37€〜)。❺クラシックな雰囲気の店内。

ネクタイの発祥地であるクロアチアのサロンで、とっておきの一本を見つけましょう。品質の高さにも定評があり、特別なおみやげにもぴったり。素材はシルク100%、クロアチア国内の工房で一本一本、裁断から縫製まですべて手作業で行われています。多品種少量生産にこだわるネクタイは、細かいところまで非常にていねいに仕上げられており、その多くには、クロアチアの自然や文化風景がモチーフとして取り入れられています。1本60€〜。

ネクタイ以外にも小物や女性用のスカーフも揃っています。スプリットやドブロブニクなど、クロアチア各地に店舗がありますが、ここザグレブ本店がいちばん種類豊富です。

Ilica 5, Zagreb
☎01-4812-726
🕘9:00〜20:00
(土曜15:00)、
日曜・祝日休 ※イースター、クリスマス、1/1休
URL croata.hr

MAP P.18 B-2

♡ column
ネクタイに秘められたラブストーリー

衛兵の衣装に身を包む男性たち。4〜10月中旬、月2回ザグレブ市内で出会える。

　世界中のビジネスマンが毎日のように身につけているネクタイ。実はネクタイ発祥の国はクロアチアなのです！
　その誕生は17世紀に遡ります。ヨーロッパでは30年戦争がはじまり、クロアチアの兵士もフランスの傭兵として戦地へ赴くことになりました。ある村に住む青年も、そんな兵士のひとりでした。青年は村を発つ前に「最後にひと目会いたい」と、恋人のもとを訪れました。別れを惜しむふたりに出発の時は刻一刻と迫ります。美しい娘は、愛と忠誠の証として青年の首もとに赤いスカーフを巻きながらこう願いました。「私の愛する人……どうかご無事で。私のもとへ戻ってきてください」
　娘の心からの願いが青年を守ったのでしょうか。片時もそのスカーフを外さなかった青年は、その後戦場から無事に戻ってきたのだとか。このロマンチックで幸運な逸話は瞬く間に村々に広まり、クロアチアの女性たちは願いを込めて、戦場に向かう夫や恋人の首に赤いスカーフを巻きつけるようになりました。
　そんな赤いスカーフに彩られた兵士たちの首元が、ある日フランスのおしゃれ王、ルイ14世の目に留まりました。それをすっかり気に入った王は早速ファッションアイテムとして取り入れ、おしゃれ好きのパリの上流階級で流行に。それが後にイギリスへと渡って現在のネクタイの形となり、世界中に広まったのです。
　愛する人の無事を願い結ばれたネクタイは、大切な人への贈りものにもぴったり。ネクタイを贈る際は、ぜひこのロマンチックな逸話を添えてみてくださいね。

食卓を彩るクロアチアのワイン

クロアチアワインの歴史は古く、紀元前に古代ギリシャ人によってワイン造りが伝えられたとされています。
2500年以上にもわたり食卓にとって欠かせない存在で、
本格的なワインだけでなく、気軽に楽しめるカジュアルでおいしいワインが多いのが魅力。
ここでは、クロアチアワインを楽しむために知っておきたい単語とおすすめの銘柄をご紹介します!

クロアチア全土で盛んに行われるブドウ栽培。
大地と太陽の恵みを味わって。

「最高級ワイン」
エチケットに書いてある等級をチェック!

ワインに関するクロアチア語

》**種類**

- **bijelo vino**(ビイェロ・ヴィノ)・白ワイン
- **crno vino**(ツルノ・ヴィノ)・赤ワイン
- **rose**(ロゼ)・ロゼ

※直訳では「黒ワイン」の意味

》**味**

- **suho**(スーホ)・ドライ(辛口)
- **polusuho**(ポルスーホ)・セミ・ドライ
- **slatko**(スラトコ)・甘口

》**品質による等級**

- **vrhunsko vino**・最高級ワイン
  (ヴルフンスコ・ヴィノ)
- **kvalitetno vino**・クオリティ・ワイン
  (クヴァリテトゥノ・ヴィノ)
- **stolno vino**・テーブルワイン
  (ストルノ・ヴィノ)
- **predikatna vina**・熟成度が高いワイン
  (プレディカートナ・ヴィナ)
- **kasna berba**・遅摘みのワイン
  (カスナ・ベルバ)
- **izborna berba**・遅摘みのなかでさらに
  (イズボルナ・ベルバ) 選別されたワイン

おすすめの赤ワイン
Crno vino

Plavac Mali
プラヴァツ・マリ

アメリカ・カリフォルニアを代表するワインとして知られる「ジンファンデル」の祖先とクロアチア人が自慢する、クロアチアを代表する赤ワイン。主に海に面した急斜面のブドウ畑が多いペリェシャツ半島で、太陽とアドリア海に反射した日光をいっぱい浴びて育つ。なかでも半島のポストゥプ(Postup)およびディンガチ(Dingač)で育てられたものは国際的な評価が高い。

Teran
テラン

イストラ半島を代表する赤ワイン。森のような豊かで力強い香りが特徴で、肉のグリルやプロシュートによく合う。

Babić
バビッチ

ダルマチア地方、とくにプリモシュテン(Primošten)で栽培されるクロアチア固有種。深いルビー色が特徴的で、タンニンと程よい酸の絶妙なバランスを味わえる。

ワイン農家たちが丹精込めて育てたブドウ。

おすすめの白ワイン
Bijelo vino

Pošip
ポシップ

コルチュラ島を中心に、ダルマチア地方で栽培される。ワイン愛好家にファンも多い名ワイン。

Graševina
グラシェヴィナ

クロアチアを代表する白ワインで、キリッと際立つ酸味、さわやかながらもエレガントな味わいが特徴。しばしばリースリングに似ているとも表現される。

Malvazija
マルヴァズィヤ

イストラ半島を代表する白ワイン。ほんのりと緑がかった明るい黄色、フルーティでスッキリした香りが特徴。トリュフパスタやシーフード料理と相性抜群。

Bogdanuša
ボグダヌシャ

古代ギリシャ時代から愛され「神からの贈りもの」の名を持つワイン。クロアチアの固有種で主にフヴァル島で栽培されている。酸味が少なくスッキリした味わいが特徴。シーフードはもちろんラム肉とも相性がよい。

🍽 📷 ワイン好きには堪らない大人の空間
Bornstein ボーンシュタイン

　築200年のレンガ造りの地下空間に広がる、ワイン愛好家のための大人の隠れ家。ワイン・ショップには500～600種類のワインが揃い、そのほとんどがクロアチア産。隣国スロヴェニアやイタリアのワインも少々、そしてクロアチア産のトリュフ製品なども並んでいます。

　併設するバー・スペースではクロアチア産ワインの飲みくらべを楽しめるテイスティング・コース（24€～）が数種類用意されています。スタッフが各ワインについて英語でていねいに説明してくれるので、クロアチアのワインについてより深く知るよい機会になるはず。クロアチア産のチーズやプロシュートの盛り合わせも楽しめるので、ワインを飲みながらちょっとつまみたい、という気分の時にもぴったりです。

❶スーパーやみやげ店などではお目にかかれない、めずらしいワインも。❷ブルスケッタ（9,95€）とチーズプレート（写真は2人前）（14,90€）。❸築200年の建物を改装した贅沢な空間。❹おすすめのクロアチア産ワインたち。

Kaptol 19, Zagreb　☎01-4812-361
⊙ショップ＝12:00～20:00、
日曜・一部祝祭日休／
ワインバー＝12:00～23:00（金土曜24:00）、
日曜・一部祝祭日休
※イースター、クリスマス、1/1休
URL bornstein.hr

MAP P.18 A-2

美食家も集うザグレブの隠れた名店
Gallo ガロ

クロアチア国内外の著名人も足を運ぶ、ザグレブを代表する名店。知らないと辿り着けない隠れ家レストランですが、ゆったりと特別な食事を楽しみたい人でいつもにぎわっています。肉料理もおいしいですが、店の自慢は新鮮なシーフードと毎日店で作っている自家製パスタ。魚はリクエストすれば塩釜焼きにもしてもらえます（1kg／59,72～91,58€）。トリュフのフジ（伝統的なパスタ）は目の前で生の黒トリュフを削りかけてくれる贅沢さ！　高級店ですがスタッフも気さくで、あたたかい雰囲気に包まれています。ザグレブでのとっておきランチやディナーにぜひ！

❶ふっくら肉厚のスズキのフィレ（22,56€）と魚介のうまみがギュッと詰まった魚のスープ（8,63€）。❷居心地がよい落ち着いた雰囲気の店内。❸自家製のパスタと新鮮なアドリア海の魚。❹トリュフのフジ（21,23€）。黒いフジにはイカ墨が練り込まれている。❺デザートにはティラミスがおすすめ（6,63€）。

Hebrangova 34, Zagreb　☎01-4814-014　🕛12:00～24:00、日曜休
※イースター、クリスマス休　URL gallorestaurant.hr／

MAP P.18 B-2

123

アートも必見！カジュアルにダルマチア料理を
Ribice i tri točkice
リビツェ・イ・トゥリ・トチキッツェ

ul. Nikole Tesle 17, Zagreb
☎ 01-5635-479
🕛 12:00～22:30、無休
※12/24は～17:00頃。
イースター、クリスマス休
URL ribice-i-tri-tockice.eatbu.hr/
MAP P.18 B-2

　ザグレブで気軽においしいシーフード＆ダルマチア料理を食べるならここ！　何を食べてもおいしいですが、私がよく注文するのはタコのサラダとリゾット。それからイカや小魚のフライ。2人以上なら前菜メニューが少しずつ楽しめるシーフードプレートがおすすめです。ほかのレストランではなかなか食べられないタラのブロデットもイチオシ。タラとじゃがいもを白ワインやハーブと一緒に煮込んだ料理で、身体をあたためたい時にもぴったりです。店内のいたるところに飾られたアートも必見！クロアチアの有名画家ヴェコスラブ・ヴォヨ・ラドイチッチの作品が集約された贅沢な空間です。

❶ほくほくでうまみたっぷり！タラのブロデット（14€）。
❷チーズがどっさり、ボリューム満点のタコのカルパッチョ（12€）。
❸カラフルで独特の楽しげな雰囲気が漂う、アートな店内。
❹左から順にタコのサラダ、シーフードリゾット、イカのフライ。
❺ラドイチッチ作品は海や魚をテーマにしたものが多い。

124

🍽 クラフトビールと郷土料理を堪能！
Mali Medo
マリ・メド

おいしい料理とビールが堪能できる大人気のビアホール。店の自慢はなんといってもクラフトビール！ 自社ブルワリーから直送されているので、そのおいしさは格別です。コーンスターチなどが一切加えられておらず、無添加＆無濾過、100％ナチュラルのこだわりビールは常時6種類用意されています。ビールによく合う自家製ソーセージや焼きたてピザ、チェヴァピ（13,50€）やプリェスカヴィッツァ（13,50€）などボリューム満点の料理が揃います。ビールは飲み比べセットもあるので、まずはそれを注文して楽しむのがおすすめ。大人気店なので、特に週末は広い店内が満席になることもしばしば。時間に余裕を持って訪れてくださいね。

❶クロアチアらしいピザといえばこれ！ Slavonska（スラヴォニア風ピザ）（13,50€）。❷常時ある6種と季節のビール1種、計7種の飲み比べセット（9,90€）。❸クロアチア風ハンバーグとしても親しまれるプリェスカヴィッツァ。❹ビーフシチューに似たグラーシュ（13,50€）。❺気候がよい時期はテラス席がおすすめ。

Tkalciceva 36. Zagreb
☎ 01-4929-613
🕐 12:00（金土曜 10:00）～24:00、無休
🔗 pivovara-medvedgrad.hr/pivnice/

MAP P.18 A-2

125

長年愛されるクロアチア家庭料理店
Purger プルゲル

「おいしいクロアチアの家庭料理が食べられる」とザグレブっ子が太鼓判を押す、1932年創業の老舗レストラン。ボリューム満点のおいしい料理を、リーズナブルな値段で楽しむことができます。気さくであたたかいスタッフのおもてなしも人気の秘密です。

クロアチア料理のなかでも肉料理を中心としたメニューが豊富で、おすすめはサルマ（P.42）、仔牛のロースト、そして名物のザグレブ風カツレツ（P.42）。ザグレブ風カツレツはお皿からはみ出るくらい大きく、見た目も食べ応えも満点です。ビールやワインとの相性も抜群ですよ！

❶クロアチアのおふくろの味と言えばサルマ（1人前2個入り12€）。❷豚カツの間にチーズとハムを挟んでカリッと揚げたザグレブ風カツレツ（19€）。❸昔から変わらない店内。何十年も通い続ける常連さんも。❹名物オーナーのスタンコさん。

Petrinjska ul. 33, Zagreb
01-4810-713
7:00～23:00、日曜休
URL purger.hr

MAP P.19 B-3

私は毎日夕方17時頃までお店にいます。ご来店お待ちしています！

🍽 憧れのホテルで優雅なひとときを
Zinfandel's ジンファンデルズ

　ザグレブを代表するホテル・エスプラナーデ(P.130)内にあるレストラン。洗練されたラグジュアリーな雰囲気と5ツ星ホテルならではのスマートなサービスが魅力です。一流シェフが手がけるクロアチアの伝統料理から地中海料理まで幅広いジャンルの料理を楽しめます。ここならではの逸品はシュトゥルクリ(P.44)。ザグレブでいちばんと、地元っ子に評判です。

❶おしゃれをして訪れたいエレガントな店内。❷メニューは季節ごとに変わる。カツオの前菜はグレープフルーツの香りがさわやか。❸たっぷりのフレッシュチーズを挟み込み、サワークリームをのせて焼き上げたアツアツのシュトゥルクリ(13€)。

Ul. Antuna Mihanovića 1, Zagreb
☎ 01-456-6644
🕛 12:00～23:00、無休
※日曜12:00～15:00はブッフェランチタイム
URL zinfandels.hr

MAP P.18 C-2

🍽 クロアチア風ファストフード店
Plac Kitchen & Grill
プラッツ・キッチン・アンド・グリル

　ドラツ市場の一角にあるグリル専門店。クロアチア人が愛して止まない庶民派グルメ、チェヴァプチチやプリェスカヴィツァを食べてみたい人にイチ押しの店です。牛肉100%で食べ応え満点のハンバーガー(9€～)や特製の野菜たっぷりサラダ(小サイズ4,50€)も。クロアチアならではの料理を安くおいしく、お腹いっぱい食べたい時に◎。

❹食欲を誘う香りが漂う店内。テイクアウトも可能。❺チェヴァプチチは小(150g／7€)と大(250g／9,50€)の2サイズあり。❻ランチ時はとくに混むので時間に余裕を持って来店を。

Dolac 2, Zagreb
☎ 01-4687-6761
🕛 9:00～23:00、一部祝祭日休
URL plac-zagreb.com

MAP P.18 B-2

☕ 石の門近くの隠れ家カフェでまったり
Kavana Lav カヴァナ・ラヴ

　ザグレブ旧市街エリア、「石の門」のすぐ側に佇む隠れ家カフェ。建物は18世紀に建てられた歴史的建造物。コーヒーや搾りたてのオレンジジュースのほか、クロアチア産のグラスワイン（3,90〜7,10€）も10種類ほど揃っています。春から夏にかけての気候のよい時期はテラス席がおすすめ。石の門を眺めながら、カフェタイムを楽しんでくださいね。

Opatička ul. 2, Zagreb ☎ 01-4922-108
🕐 9:00〜24:00(金土曜翌2:00)、無休
※1/1は18:00閉店　URL facebook.com/kavanalav02

MAP P.18 A-2

❶おしゃれな店内はアート作品の展示空間にもなっている。❷石の門を眺めることができるテラス席。❸ザグレブ散策の合間にひと休みはいかが？

☕🍴 おいしいスイーツのカフェ&ビストロ
Oranž Bistro & Wine Bar
オランジュ・ビストロ・ワインバー

　朝から夜遅くまでにぎわうイリツァ通りに面する人気店。自家製ケーキのほかペイストリーやサンドイッチ、スープにサラダ、リゾット、パスタ、クロアチア料理までさまざまなメニューが用意されており、ランチや軽い夕食にもおすすめです。グラノーラやオムレツなどの朝食メニュー（7〜13€）は9:00〜12:00まで提供。滞在中何度も通いたくなることでしょう。

❹キッシュ（5,50€）やクロワッサン生地のサンドイッチ（4,90〜5,70€）たち。❺店内が満席の際は、店の前のテラス席もチェックしてください。❻お気に入りケーキのパブロヴァ（4,60€）。見た目にも華やかなケーキは心も身体も満たしてくれます。

Ilica 7, Zagreb ☎ 01-7787-300 🕐 8:00〜23:00(金・土曜23:30)　URL instagram.com/oranz_zagreb/

MAP P.18 B-2

ザグレブっ子にも人気のケーキ屋さん
Amélie アメリー

いつもザグレブっ子でにぎわう人気店。私もスイーツを食べたくなったらよく足を運ぶ、お気に入りの場所のひとつです。見た目にも華やかなケーキやアイスクリーム、マカロンのほか、キッシュ（2,80€）もあるので、朝食や軽いランチを楽しみたい人にもおすすめです。大聖堂やイェラチッチ総督広場の近くなので、街歩きの休憩にもぜひ！

❶お菓子づくり好きのオーナーの趣味が高じてできたのだとか。❷ザグレブ市内に3店舗ある。❸フレッシュなベリーがたくさん詰まったルールートルタ（4,10€）とアイスクリーム（2〜2,30€）。

Vlaška 6, Zagreb
☎ 01-5583-360
🕐 8:00（日曜9:00）〜23:00、一部祝祭日休 ✣イースター、クリスマス、年始休
URL slasticeamelie.com

MAP P.19 B-3

ザグレブでおいしいコーヒーを飲むなら
Quahwa クワワ

コーヒーにこだわる人たちに人気で、私も本当は秘密にしていたいほどお気に入りのカフェです。店内はいつもコーヒーの香りと居心地のよい雰囲気であふれています。世界各地からダイレクトトレードで買いつけたアラビカ種を100%使用した、香り豊かなエスプレッソベースのコーヒーのほか、トルココーヒーや高品質のオーガニックティー、ホットチョコレートも揃っています。

❹ついつい長居してしまう居心地のよさ。❺コーヒーのよい香りに包まれる店内。❻お気に入りのカフェ・ラテ（3,10€）と甘くて冷たいボンボン・ラテ（4,50€）。

Ul. Nikole Tesle 9/1, Zagreb
☎ 01-3639-074
🕐 9:00〜22:00、日曜10:00〜18:00、一部祝祭日休
URL quahwa.net

MAP P.18 B-2

🏨 オリエント急行ゆかりの高級ホテル
Esplanade Zagreb Hotel
エスプラナーデ・ザグレブ・ホテル

　1925年創業、ザグレブを代表する老舗高級ホテル。かつてオリエント急行がパリ＝イスタンブール間を結ぶ国際長距離列車として走っていた時代、主にヨーロッパの貴族や著名人たちが滞在するためのホテルとして、ザグレブの中央駅のすぐ隣に建てられました。築100年を超える建物は、2004年に全面改装されましたが、往時の面影がところどころに残されており、ホテル内には優雅かつ荘厳な雰囲気が漂っています。

　5ツ星ホテルでありながら、スタッフの気さくであたたかいおもてなしもこのホテルの魅力。レストラン（P.127）やカフェのみの利用もできるので、ザグレブへお越しの際はぜひお立ち寄りください。

❶カフェスペースでは、まったりとコーヒーを楽しんで。❷足を踏み入れた瞬間に心躍るロビースペース。❸あたたかい色の光に包まれる、落ち着いた雰囲気の客室。❹中央鉄道駅のすぐ側に建てられたホテルはザグレブ観光にも便利。

Mihanoviceva 1, Zagreb　☎ 01-4566-666
🛏 シングル150€〜、ダブル165€〜（朝食つき）／全208室
URL esplanade.hr

MAP P.18 C-2

ザグレブの中心で静かなホテルステイ
Hotel Jägerhorn ホテル・イェーガーホルン

❶館内は隅々までインテリアにこだわりが見られる。写真はレセプションスペース。❷2015年に全面改装された歴史ある建物。快適に過ごせる。❸私のお気に入りカフェのひとつ。暑い季節にはスムージー(3,60～3,90€)がおすすめ。

ザグレブの中心地、イェラチッチ広場から徒歩3分という絶好のロケーションでありながら、静かでゆったりとしたステイを満喫できるブティック・ホテル。1827年創業、ザグレブでもっとも古いホテルで、イェラチッチ総督をはじめとする歴史上の人物ゆかりの場所でもあります。

ホテル併設のカフェ・イェーガーホルンは、店内、美しい中庭のテラス席ともに雰囲気も居心地もよく、ついつい長居したくなります。

Ilica 14 ,Zagreb ☎ 01-4833-877
シングル129€～、ダブル179€～（朝食込み）／全18室
URL hotel-jagerhorn.hr
MAP P.18 B-2

ザグレブで暮らすように滞在しよう
Main Square Oval Apartment
メイン・スクエア・オヴァール・アパートメント

イェラチッチ広場に面する立地抜群のアパルトマン。ザグレブ観光に便利なのはもちろん、親切なオーナーのチョプさん親子の人柄が大評判の宿です。キッチンや洗濯機もあるので長期滞在にも◎。建物のすぐ裏手にあるドラツ市場で新鮮な食材を調達して料理を楽しむのも、旅の素敵な思い出となることでしょう。

❹リビングの窓からはイェラチッチ広場を一望できる。❺70㎡の広々としたアパルトマン。最大で大人2人＋子ども2人まで宿泊可能。

MAP P.18 B-2
Trg bana Josipa Jelačića 4 ,Zagreb ☎ 098-163-1694
全1室 ◎ 1室110€～（朝食なし）

ザグレブ
からの日帰り旅
1

水と森、エメラルドグリーンの楽園
Nacionalni park Plitvička jezera

プリトヴィッツェ湖群国立公園

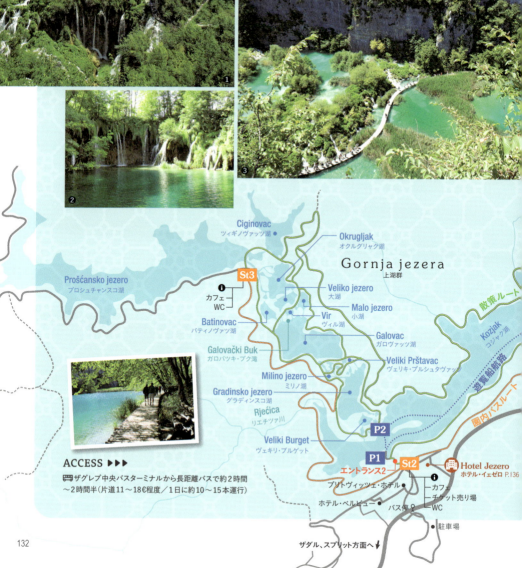

ACCESS ▶▶▶
ザグレブ中央バスターミナルから長距離バスで約2時間
～2時間半（片道11～18€程度／1日に約10～15本運行）

ザグレブから南に約110km、山々に囲まれた大自然の宝庫リカ地方にある国立公園。豊かな森と透き通るエメラルドグリーンの湖、無数の滝が織り成す幻想的な光景が広がるこの公園は、1979年にユネスコ世界自然遺産にも登録されました。

泳ぐ魚や湖の底に沈む木々が遊歩道からハッキリと見えるほどの透明な湖は、季節や天気、太陽の光の強さ、水中に含まれるミネラル分の量などにより、ブルーからエメラルドグリーンまでさまざまに色が変化します。幻想的で美しい自然があふれるこの地は、まさに癒しの楽園です！

プリトヴィッツェ湖群は、大小16の湖が無数の滝でつながっています。もっとも大きいコジャク(Kozjak)湖より上のエリアが上湖群(Gornja jezera)、それ以下が下湖群(Donja jezera)と2つのエリアに分けられています。下湖群は段差(階段など)が上湖群より少なく、比較的散策しやすいエリアとされていますが、私のおすすめはダイナミックな美しい滝や湖が存在する上湖群。下湖群も上湖群もそれぞれ甲乙つけがたい美しさがあるので、ぜひ両方散策を楽しんでくださいね！

❶大自然の宝庫プリトヴィッツェは植物や動物たちの楽園。❷心癒される緑の絶景と水の音。❸湖の上やほとりに張りめぐらされた木製の遊歩道。❹園内、そしてクロアチア最大の高さ87mのヴェリキ・スラップ(大滝)。

プリトヴィッツェ湖群の成り立ち

プリトヴィッツェ湖群の起源は数百万年前にも遡ります。氷河期に現在の上湖群にあたる渓谷に黒川(Crna rijeka)と白川(Bijela rijeka)と呼ばれる2つの川から水が流れ込みました。温暖と寒冷をくり返す好条件のなか、水中の化学成分と岩石が有機変化を起こし石灰華が成長、やがて大量に堆積するように。それが水を堰き止め、堰堤(えんてい)となり、ひとつの大きな湖を形成します。これを乗り越えた水が滝となり下方部へ流れ落ちていき、下方でもまた同じプロセスで新たなに大きな石灰華の層、そして湖が生み出されました。

☎053-751-015
⊘【3月最終日曜〜5/31】=8:00〜19:00【6/1〜8/20】7:00〜20:00【8/21〜9/30】7:00〜20:00【10/1〜10月最終土曜】8:00〜18:00【10月最終日曜〜3月最終土曜】8:00〜16:00、無休
※最終入園は閉園2時間前まで
※日の長さや天候により開園時間の変更や散策できる場所に制限ができる場合あり。事前にHPで確認を！
※11〜3月の冬季は園内バスと遊覧船は一部運休の場合があるので注意(運行状況は公式HPにて)
◎【4・5・10月】23€【6〜9月】(16時までの入園)40€(6〜8月の16時以降入園)25€(9月の15時以降入園)25€【11〜3月】10€
※園内の遊覧船乗船代、園内を運行するバスの乗車代を含む(原則、P3=P1あるいはP3=P2を結ぶ遊覧船への乗船は1回のみ可能)
※遊覧船への乗船時には係員にチケットを提示する必要あり
※春から夏にかけての観光シーズン中はとくに混雑するのでHPよりチケットを事前予約するのがベター URL np-plitvicka-jezera.hr

Proljeće
春（3月末〜5月頃）

　新芽が芽吹きだし、たくさんの野花が咲きはじめる季節。山中の雪が一気に解けはじめ、雪解け水が園内を流れる川に押し寄せるこの時期は、洪水状態になることもしばしば。とくに3月は要注意。早い年は2月中頃から雪解けがはじまります。遊歩道が冠水し、散策できる箇所が制限されることもあるので、当日公園の案内所で観光可能なルートを確認しましょう。

春は水量が多く、滝の迫力も増す季節。

Ljeto
夏（6月〜9月中頃）

　天気に恵まれる確率が高く、太陽がまぶしい6〜8月がプリトヴィツェ観光のベストシーズン。夏場でも気温が30℃を超えることは稀で、木陰を歩けば快適に絶景ハイキングを楽しむことができますが、この時期の園内は大変混み合います。また真夏でも雨や曇りの日は気温が一気に下がることもめずらしくないため、天気がよくない日は上着の準備もお忘れなく。

湖がエメラルドグリーンに輝く夏は、暑いけれど最高に美しい！

紅葉の時期は毎年若干異なるが、例年10月半ばが見頃。

下湖群は団体旅行者が多いため混雑しがちだが、上湖群は夏でも比較的空いている。

ザグレブからの日帰り旅 | Nacionalni park Plitvička jezera

Jesen
秋（9月中頃～10月末）

9月になると、日によっては早くも冬物の服装やコートが必要なくらい冷え込みます。秋は雨がよく降るというのがネックですが、観光客が少なくなってくる時期で、天気にさえ恵まれれば素晴らしい気候のなかハイキングを満喫できます。年によって多少異なりますが、プリトヴィッツェの紅葉は10月。紅葉に染まるプリトヴィッツェも筆舌に尽くしがたい美しさです。

Zima
冬（11月～3月中頃）

11月頃になると本格的な冬。例年12月から2月頃にかけて真っ白な雪に公園全体が包まれます。積雪量が多いと遊歩道が閉鎖され散策できませんが、展望台から真っ白な雪とグリーンのコントラストの絶景を堪能できます。なお、積雪による遊歩道の制限状況は日により異なり、コジャク湖の遊覧船も運休となる日もあるので注意。事前に国立公園のHPで状況を確認し、当日は案内所で観光可能なルートを確認しましょう。

一面銀世界の幻想的な風景は、この時期にしか見られない美しさ。滝も湖も完全に凍ってしまうことも。手袋、帽子、マフラー、スノーブーツは必須。

135

山小屋風の郷土料理レストラン
Lička kuća リチュカ・クチャ

プリトヴィッツェ公園のエントランス1近くの駐車場前にある山小屋風レストラン。店名はクロアチア語で「リカ(地方)の家」という意味。山小屋風の居心地よい店内で、リカ地方特産のチーズやマスのグリルなど、さまざまな郷土料理を楽しめます。なかでもおすすめなのが仔牛のペカ(ラム肉のペカもある)。プリトヴィッツェ散策でお腹をペコペコにしたあと堪能するペカは絶品です！

❶名物は仔牛のペカ(26€)。ホクホクのジャガイモを添えて。❷木のぬくもりに包まれた店内。

Josipa Jovica 19, Plitvice
☎053-751-379 ⓧ11:00〜22:00、一部祝祭日休
URL np-plitvicka-jezera.hr/planirajte-posjet/ugostiteljstvo/nacionalni-restoran-licka-kuca
◎園内ホテル宿泊者には店までの無料送迎サービスあり

MAP P.131

プリトヴィッツェで1泊するなら
Hotel Jezero ホテル・イェゼロ

レンタカーなど車での移動手段がない旅行者にとって、徒歩で公園の入り口までアクセスできる園内ホテルは非常に便利。園内のホテルは3軒あり、すべてエントランス2近くですが、なかでもいちばん設備がよく公園に近いのがここ。このホテルを含め、園内のホテルに宿泊する人はホテルのレセプションでチケットを提示して手続きしてもらうと、翌日も無料で園内散策ができます。

❸シンプルで快適な施設。散策後にのんびりと過ごしたい人にぴったり。❹ホテルから湖は見えないが、緑に囲まれ小鳥のさえずりが聞こえる。

Plitvička jezera
☎053-751-500
🛏1室86,40€〜(朝食込み)／全224室
URL np-plitvicka-jezera.hr

MAP P.130

川の上の妖精の村
Rastoke
ラストケ村

MAP P.7

プリトヴィツェ国立湖群公園から北に約30km、ザグレブから公園へ向かう途中に位置する、「小さなプリトヴィツェ」と呼ばれる美しい村。スルンチツァ川とコラナ川の合流点に位置しており、かつてはその地形を活かし水車小屋が点在する、粉挽きの村でした。

約30戸ほどの家々の間を小川が縫うように流れるその風景は、まるでおとぎ話の世界のよう。どこか夢幻的な雰囲気が漂う村のなかを歩いていると、民家の物陰から妖精や小人がひょっこり現れそうな気がしてきます。小川が流れる音を聞きながら、ゆったりとしたひとときを満喫するのがラストケ村の楽しみ方。何もかも忘れてのんびり過ごしましょう。

❶のんびりとした時間が流れる自然豊かなラストケ村。❷昔、大きな石臼で小麦やトウモロコシを挽いていた水車小屋のなかの様子。

ACCESS ▶▶▶
🚌 ザグレブからスルニ(Slunj)行きのバスで1時間半〜2時間（片道10〜13€／1日7〜11本運行）
🚌 プリトヴィツェ国立公園・エントランス1または2付近のバス停からスルニまで約30分（片道4〜6€／1日5〜10本運行）

🍽 川のせせらぎに癒されるひととき
Petro ペトロ

Rastoke 29, Slunj
☎ 047-777-709
🕘 9:00〜22:00、冬季休業あり
🌐 petro-rastoke.com

川の上に建つテラス席があり、せせらぎに耳を傾けながら過ごすことができる素敵な店。仔牛のペカ(17€)やマスのグリルなど(1kg／28€)、ラストケ村でランチやディナーを楽しみたい人にもおすすめです。

左・川のすぐ側にあるカフェスペース。コーヒー(2,20€〜)、ビール(330ml／3€〜)。右・カフェとして利用することも可能。

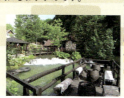

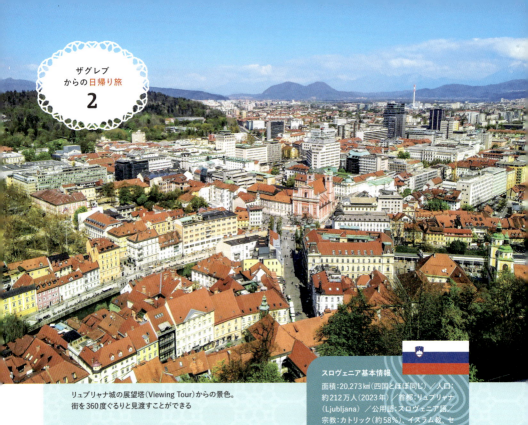

ザグレブからの日帰り旅 2

リュブリャナ城の展望塔（Viewing Tour）からの景色。街を360度ぐるりと見渡すことができる

ドラゴン伝説の地、スロヴェニアの首都
Ljubljana
リュブリャナ

ACCESS ▶▶▶

🚌 ザグレブの中央バスターミナルから長距離バスで約2時間〜2時間半
（片道10〜17,50€／1日20本程度運行）

🚆 ザグレブの中央鉄道駅より列車にて2時間15分〜2時間25分（片道9€〜／1日3本運行）

市内中心部を流れるリュブリャニッツァ川。天気のよい日はリバークルーズも楽しい。©Chris Yunker

🚢 所要約45分／料金：大人14€、子ども（4〜12歳）7€、4歳未満は無料／集合場所：Ribji trg／毎日12:00〜16:00、1時間に1本運航 ※悪天候および増水時は運航中止

スロヴェニア基本情報
面積：20,273㎢（四国とほぼ同じ）／人口：約212万人（2023年）／首都：リュブリャナ（Ljubljana）／公用語：スロヴェニア語／宗教：カトリック（約58％）、イスラム教、セルビア正教など／通貨：ユーロ（EUR）／ビザ：3か月以内の観光目的の滞在なら不要
⚠ 国境を越える際にパスポートが必要なこともあり。日帰り旅行の際はお忘れなく！

龍の橋のモニュメント。リュブリャナはギリシア神話のイアソンが、ドラゴンを退治した地と伝わる。

　隣国スロヴェニアの首都。人口わずか28万4000人程度（2022年）の小さな街で、見どころがコンパクトにまとまっているため、ぶらぶら歩いて観光を楽しめるのが魅力のひとつです。オーストリアのハプスブルク家と長く歴史をともにしてきたこの街には、オレンジ色の屋根瓦が折り重なる、なんともヨーロッパらしいかわいらしい街並みが広がります。

　中心部にはリュブリャニッツァ川が流れており、街のシンボルでもある三本橋や龍の橋をはじめ、いくつもの橋が架かっています。

三本橋の上から眺めたバロック様式のフランシスコ教会。

地元っ子が新鮮な食材を求めて足を運ぶ市場。

天井のフレスコ画の一部は印象派の画家、マテイ・ステルネン（Matej Sternen）によって1895年の地震後に修復された。

Frančiškanska cerkev　MAP P.20 B-1
フランシスコ教会

1646〜1660年にかけて建てられた教会。リュブリャナのいたるところで見かけるモニュメントを手掛けた彫刻家フランチェスコ・ロッパ（Francesca Robbe）により造られた祭壇や、アーチ形の天井に1939年に描かれた見事な天井画もお見逃しなく。

Prešernov trg 4，Ljubljana
☎ +386(0)1-242-9300
🕐 10:45〜15:45／16:45〜18:00、
日曜12:30〜15:30／17:00〜18:00、
無休 ※ミサ時は見学不可　◎6€

◎夏季6:00〜18:00（土曜16:00）冬季6:00〜16:00／屋内市場は通年7:00〜16:00（土曜14:00）。青空市場・屋内市場ともに日曜・祝日はクローズ

左・バロックの巨匠アンドレア・ポッツォの設計により18世紀に現在の姿になった聖ニコラス大聖堂。　右・天井画はイタリアのジュリオ＝クァリオが描いた天の世界。拝観料3€。拝観可能時間6:30〜12:30、13:30〜18:30。

リュブリャナの散策はプレシェレン広場から。フランツェ・プレシェレン（1800-1849）は「スロヴェニア最高の詩人」と称されスロヴェニア国歌の作詞者でもあります。広場に面するピンク色が印象的なフランシスコ教会は、バロック調の豪華な内部も必見。三本橋を渡り、リュブリャナ大聖堂とも呼ばれる聖ニコラス大聖堂を通って青空市場へ。市場では新鮮な果物や野菜のほか、おみやげにもなる民芸品や生活雑貨、アクセサリー、ハチミツやドライフルーツなど、さまざまな品物が売られています。夕方には閉まってしまうので、お早めに！

街を一望するには、小高い丘の上にそびえるリュブリャナ城へ。青空市場近くのフニクラ（ケーブルカー）を利用すると便利ですが、徒歩や車、観光列車でもアクセスできます。城の展望塔（Viewing Tour）のてっぺんからは素晴らしいリュブリャナのパノラマを楽しめます。

Ljubljanski grad　MAP P.20 C-2
リュブリャナ城

長い歴史のなかで幾度もその姿や所有者が変わり、現在の姿は16〜17世紀にかけて築かれたもの。街を守る軍事的要素が強い建物のため華やかではないが、地元っ子の憩いの場として愛されている。

Grajska planota 1, Ljubljana
☎ +386-(0)1-306-4293
🕐 9:00〜19:00（5〜9月22:00）、無休
◎ 15€、ケーブルカー（往復）とのセット券19€
URL ljubljanskigrad.si/en/the-ljubljana-castle

リュブリャナ城のオープンスペースは入場券不要。展望塔と人形博物館、スロヴェニア歴史博物館はリュブリャナ城の入場料で入館可。

かわいらしい雑貨店などが多いリュブリャナはショッピングも楽しい。

アドリア海からの贈りもの
Piranske Soline ピランスケ・ソリネ

Mestni trg 8, Ljubljana
☎ +386-(0)1-425-0190
🕘 9:00～19:00(日曜・祝日17:00)、無休
🌐 soline.si

MAP P.20 B-1

スロヴェニアの有名な塩専門店。「塩の町」として知られるアドリア海の町・ピランでは、1200年以上もの歴史を持つ塩田が今も大切に受け継がれ、昔ながらの塩づくりが行われています。美しいアドリア海の海水、太陽、風、そして伝統的手法により生み出された高品質なピランの塩。雪のように真っ白で純度の高い塩は、かつてこの地を治めていたハプスブルク家にも献上されていたのだとか。

そんな贅沢な塩を利用したテーブルソルト、料理用のハーブソルト、塩チョコ、美容と健康によいバスソルトなど、さまざまな塩のアイテムが店内にずらりと並んでいます。イチ押シはピランの塩田でとれたフラワーソルト。ミネラルが豊富な最高品質の塩として、スロヴェニア国内外で高く評価されています。

❶高品質な貴重な塩を使った食品やコスメが多数並ぶ店内 ❷「幻の塩」といわれるフラワーソルト(70g／5,60€)。ほんのり甘い、まろやかな味わい。❸素敵なショップやレストランが集中するエリアにある。❹バラのボディスクラブ(250ml／14,99€)とラベンダーのボディオイル(100ml／15,50€)。

メイド・イン・スロヴェニアがいっぱい！
Laura Etno galerija
ラウラ・エトゥノ・ギャレリヤ

スロヴェニアのアーティストやデザイナーたちが手がけた伝統工芸品やインテリア雑貨、陶器、絵画などを取り扱うギャラリー兼ショップ。落ち着いた雰囲気の店内にはスロヴェニアらしいアイテムが所狭しと並べられており、見ているだけでもワクワク、宝物探しをしているような気分になります。伝統的なイドリヤ・レースも取り揃えられていますよ。

❶店内すべての商品がスロヴェニア産。❷額に入れられたイドリヤ・レースはインテリアにも！❸玄関に飾ると、幸運を呼び寄せ、不運を遠ざけると信じられている魔女の人形（12€）。

Ciril Metodov trg 20 Ljubljana
☎ +386-(0)1-433-8370
🕘 9:00〜19:00（[夏季]土曜18:00頃、日曜17:00頃[冬季]土日曜14:00頃）
URL galerijalaura.si

MAP P.20 B-1

購入が雇用支援にもつながる手づくり雑貨
Skrbovin'ca スクルボビンツァ

ぬいぐるみ、おもちゃ、文房具、インテリア、アクセサリー、マグネットなど、ここでしか買えないハンドメイド雑貨が並ぶ店。高齢者や障がいを抱えた人たちに雇用を生むために設立されたスペースで、購入することが活動支援にもつながります。手仕事のあたたかさを感じることができるアイテムたちは、とっておきのおみやげとなることでしょう。

❹リュブリャナの思い出にドラゴンのぬいぐるみ（18,50€）はいかが？ ❺ハンドメイドの少量生産のものばかり。気に入ったものがあったら即決して！ ❻ひとつだけ願いをかなえてくれるという小人の置きもの（5€）。

Mačkova ulica 1, Ljubljana
🕘 夏季10:00〜21:00、冬季8:00〜18:00、日曜・祝日休 ※クリスマス・イブは18:00頃まで。12/30、31、1/1、2は休業
URL instagram.com/skrbovinca/

MAP P.20 B-1

☕🍰 行列が絶えないスイーツショップ
Cacao カカオ

リュブリャナの中心地、プレシェレン広場のすぐ側にある、いつも地元っ子で大にぎわいする店。みんなのお目当ては自家製アイスクリーム。常時40種類前後の豊富なフレーバーが揃っています。スロヴェニア産の高品質のミルクをベースに、世界各地から集めたこだわりの食材を贅沢に使ったアイスクリームは、どれを食べても思わず笑顔になるおいしさです。

❶食べ応え満点のアイスクリームケーキ(Mascake／4,70€)。❷リュブリャニッツァ川沿いにあるテラス席。天気のよい日は満席になることもしばしば。❸旬のフルーツをふんだんに使ったケーキも絶品!

Petkovškovo nabrežje 3, Ljubljana
☎ +386-(0)1-430-1771 　【5〜9月】8:00〜24:00【10〜4月】8:00〜22:00、一部祝祭日休　URL cacao.si

MAP P.20 B-1

🍴 老舗のスロヴェニア伝統料理店
Vodnikov Hram ヴォドニコヴ・フラム

Vodnikov trg 2,Ljubljana ☎ +386-(0)1-234-5260
8:00(日曜・祝日10:00)〜24:00 ※一部祝日は時短・休業の可能性あり　URL vodnikov-hram.si/

MAP P.20 B-2

地元っ子に長く愛されるスロヴェニア伝統料理が自慢のレストラン。イチオシはスロヴェニアを代表する伝統料理クランスカ・クロバサ(9,50€)とビーフシチューのようなグヤーシュ(16,60€)。もっちりパンとともに提供されるグヤーシュは食べ応え満点! くり抜いたパンを器にしたキノコのスープ(5,20€)も人気です。

❹パリパリ&ジューシーなソーセージ、クランスカ・クロバサ。スロヴェニア産ビールとぜひ! ❺食事どきには多くの人でにぎわう店内。❻見た目にも楽しい小鍋で提供されるグヤーシュ(右)。

ザグレブからの日帰り旅 3

ユリアン・アルプスの麓、湖とお城の街
Bled ブレッド

ブレッド城からの眺め。湖は天気により、さまざまに色を変える。

　ユリアン・アルプスの麓に輝くブレッド湖、湖の上に浮かぶ教会、湖畔を望む崖の上に建つお城……。まるで絵本から抜け出してきたような風景が広がるブレッドは「アルプスの真珠」「アルプスの瞳」など、数々の言葉で賞賛されます。月と星が輝く夜や、うっすらと白い靄に包まれた幻想的な朝など、ひと気のない静かな湖畔を歩くと、おとぎ話の世界に迷い込んでしまったかのような気分に誘われます。

　ブレッドは小さな小さな街。美しい自然に囲まれながら、心穏やかに、ゆったりとした贅沢な時間を過ごすことができます。プレトナ・ボート（伝統の手漕ぎボート）に揺られて湖を渡ったり、お城のテラスから美しい景色を一望したり、湖を眺めながらカフェでまったりとお茶を楽しんだり、湖畔のベンチに腰をかけてのんびりしたり。思い思いの時を楽しんで、日頃のストレスや緊張から自分を解放してあげてください。

ACCESS ▶▶▶

🚌 リュブリャナ中央バスターミナルから約1時間〜1時間20分（片道1,90〜5,90€／1日36本運行）／URL ap-ljubljana.si ※リュブリャナまではP.138参照

🚃 リュブリャナ中央鉄道駅＝ブレッド・イェゼロ（Bled Jezero）駅（1時間15分〜1時間40分／6,60€、1日6本程度）や、リュブリャナ中央鉄道駅＝レスチェ・ブレッド（Lesce-Bled）駅（約1時間／5〜6,50€、1日20本程度）
◎電車の場合、駅からブレッド観光エリアまでバスや徒歩となり少々不便なため、ザグレブからの日帰りの場合はバスが便利

❶ブレッド湖は1周約6km。湖畔のハイキングやサイクリング（レンタル自転車2時間10€〜。ブレッド中央バスターミナル付近などでレンタル可能）も楽しい。写真中央奥はブレッド城。❷16世紀から島の聖マリア教会へ巡礼に訪れる人々を運ぶプレトナ・ボート。

❶

❷

①

②

③

④

Grajska cesta, Bled
☎ +386-(0)4-572-9782
⊖ 8:00～20:00(11～3月18:00)、無休
◎ 18€、14歳以下7€
URL blejski-grad.si

MAP P.21 A-2

湖畔に佇む古城
Bljeski grad ブレッド城

　ブレッド島が浮かぶ湖の畔の切り立った崖の頂上に建つお城。湖や周辺の景色を一望できるビュースポットになっており、城内には小さな礼拝堂やブレッドの歴史・民俗博物館のほか、グーテンベルクが発明した印刷機による活版印刷の実演を行う小さな工房やハチミツの店、レストランやカフェもあります。

　中世のワインセラーを活用したワインショップもお見逃しなく! スロヴェニア国内外で高く評価されているワインメーカー、ドルンベルクの直営店。まるで中世にタイプスリップしたかのような雰囲気が漂う店内には、ワインが約20種類揃っています。人気のワインボトル詰め体験(18～20€)は旅のよい思い出になることでしょう!

　天気がよい日は、湖を見下ろせるカフェのテラス席でのコーヒーブレイクも素敵です。

❶小さなお城なので1時間あれば見学できるが、ぜひのんびりと過ごして。❷ハチミツを使ったジャムやスキンケア用品、プロポリスなど、ミツバチ製品が豊富に揃う。❸修道士の格好をした店員。ボトル詰めしたワインには活版で刷られた記念の証書がついてくる。❹伝統的な方法のワインボトル詰めは貴重な体験になるはず。

©Ramón

下・1445年頃、ドイツのグーテンベルクによって発明された活版印刷機。右・日付と名前を入れてもらえる記念カード（10€）はおみやげに人気。

願いが叶う鐘を鳴らしに
Cerkev Marijinega vnebovzetja
聖母被昇天教会（通称：聖マリア教会）

ブレッド湖にぽつんと浮かぶ小島（ブレッド島）に建つ小さな教会。17世紀に建てられたバロック様式の教会で「鳴らすと願いが叶う」と言い伝えられる鐘があります。島には伝統のプレトナボートで渡ります。

◎ブレッド島へ渡るプレトナボートは往復18€。ボートに時刻表はなく、乗客が一定人数集まれば出航する。ブレッド島での滞在時間は約40分。悪天候（大雨や強風）の場合は欠航

Slovenski trg 1, Blejski otok
☎ +386 (0) 4-576-7979（Blejski otok：島の管理団体）⊙ 9:00～19:00（4・10月 18:00、11～3月 16:00）、無休 ※ただし、湖面が凍結した場合や悪天候の場合はクローズする ◎ 12€、15歳以下5€。（鐘楼、司教館共通）URL blejskiotok.si

MAP P.21 B-1

ブレッドで食べたい 伝統菓子
クリームケーキ以外にもうひとつ、ブレッドで食べたいのが伝統菓子「ポティツァ（Potica）」。ロール状の生地のなかにクルミまたはケシの実、カッテージチーズ、レーズンなどを入れて焼き上げたもので、素朴でやさしい味。島内のカフェの自家製ポティツァは、スロヴェニアで指折りと評判。店内のオーブンで焼き上げられたできたてを、湖を眺めながら召しあがれ！

島内のカフェではいつも6種類前後のポティツァが楽しめる。

教会の天井からぶら下がるロープをぐっと引いて鐘を鳴らす。

優雅なカフェタイムを楽しむなら
Aperitiv bar Toplice
アペリティブ・バー・トプリッツェ

街を代表する5ツ星ホテル、グランド・ホテル・トプリッツェ内にあるカフェ・バー。ブレッド湖を望む優雅な空間で、サンドイッチ（17～24,90€）やサラダ（24,90～28€）などの軽食を楽しめます。イチオシはクロアチアのクレームシュニッタ（P.45）に似たケーキ。食べくらべて楽しんでみてください！

❶落ち着いた雰囲気の店内。窓際の席からは湖とブレッド島が見える。 ❷ブレッド名物のクリームケーキ（8,50€）。

Cesta svobode 12, Bled
☎ +386-(0)4-579-1000 ⊙ 10:00～22:00
URL sava-hotels-resorts.com/en/sava-hotels-bled/

MAP P.21 B-2

❶ ❷

145

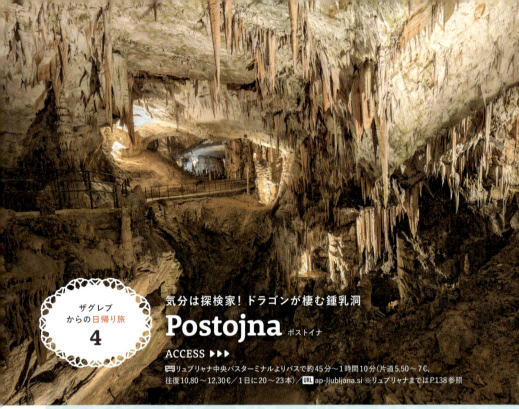

ザグレブからの日帰り旅 4

気分は探検家！ドラゴンが棲む鍾乳洞
Postojna ポストイナ

ACCESS ▶▶▶
🚌 リュブリャナ中央バスターミナルよりバスで約45分〜1時間10分（片道5,50〜7€、往復10,80〜12,30€／1日に20〜23本）／🌐 ap-ljubljana.si ※リュブリャナまではP.138参照

何百万年もの年月をかけて大地が生み出した神秘の地下世界ポストイナ鍾乳洞。© Postojnska jama

Predjamski dvorac
プレッドヤマ城

Predjama
☎ +386-(0)5-700-0100
🕐【5・6・9月】9:00〜18:00【7〜8月】9:00〜19:00【4・10月】10:00〜17:00【11〜3月】10:00〜16:00、無休
◎ 大人19€、6〜15歳11,50€、5歳以下1€
※ポストイナ鍾乳洞＋プレッドヤマ城セットのチケットは大人41,90€、6〜15歳25€、5歳以下2€
🌐 postojnska-jama.eu
🚌 7月上旬〜11月上旬頃限定で、ポストイナ鍾乳洞前＝プレッドヤマ城前間を約20分で結ぶシャトルバスが定期的に運行（ポストイナ鍾乳洞＋プレッドヤマ城セットのチケット購入者のみ往復1€で乗車可能）
🌐 postojnska-jama.eu/en/information/shuttle-bus

MAP P.7

全長約24kmもの長さを誇るポストイナ鍾乳洞は、ひとつの鍾乳洞のなかでたくさんの種類豊富な鍾乳石が見られることから「鍾乳洞の女王」とも称されています。洞内は、まるで別の惑星のような不思議な光景が暗闇の奥深くまで広がっています。鍾乳洞内の岩壁すれすれを時速約11kmのスピードで颯爽と進むトロッコ列車はスリル満点！ ハラハラ、ドキドキ、まさに冒険家気分を味わえます。

時間に余裕があればポストイナ鍾乳洞から約10km離れたところにあるプレッドヤマ城にも足をのばしてみてください。高さ約127mの岩盤の中腹に埋め込まれるように建てられたプレッドヤマ城は「世界でもっとも大きな洞窟城」として知られています。城の正面は人工的に造られたものですが、裏側は洞窟となっており、自然の洞窟と人工の壁が巧みに融合されています。

崖に埋め込まれるように建つプレッドヤマ城。

Postojnska jama
ポストイナ鍾乳洞

Jamska cesta 30, 6230 Postojna
(管理事務所)
☎ +386-(0)5-700-0100
◎鍾乳洞内観光は必ず洞窟専門ガイドツアーに参加する。ツアー開始時間(入場時間):【5・6・9月】9:00〜17:00の毎正時【7〜8月】9:00〜18:00の毎正時【11〜3月】10:00、12:00、15:00【4・10月】10:00〜16:00の毎正時(13:00除く)、無休
◎大人29,90€、6〜15歳17,90€、5歳以下1€
URL postojnska-jama.eu

MAP P.7

昔の人々がドラゴンの赤ちゃんと信じていた、ホライモリは、ポストイナのマスコット。
© Postojnska jama

◎洞窟内の気温は通年8〜10℃程度。夏でもあたたかい上着を忘れずに!
◎鍾乳洞内はフラッシュ撮影&鍾乳洞に触ることは厳禁。マナーを守って楽しみましょう。

ザグレブからの日帰り旅　Postojna

トロッコで冒険気分が高まる!

© Postojnska jama

ポストイナ鍾乳洞の見どころ

徒歩ツアーのスタート地点まで約10分かけてトロッコ列車で移動。降りた旅人がまず目にするのが、スロヴェニア語で「大きな丘」を意味するヴェリカ・ゴラ。第一次世界大戦で捕虜となったロシア兵によって造られたロシア橋を渡って、美しいホールを持つトンネル、レペ・ヤメへ。スパゲッティホール、白ホール、赤ホールという名の見事な空間が広がっています。ポストイナ鍾乳洞のシンボルともいえるのが、白くキラキラと輝く「ブリリアント鍾乳石」と呼ばれる高さ約5mもの巨大な石筍。続くコンサートホールはポストイナ鍾乳洞内でもっとも大きいホールのひとつ。奥行き65m、幅と高さ40mの広い地下空間です。ここから再びトロッコ列車に乗り、終点に向かいます。

上・洞窟内でもっとも険しい登り坂で、キリストが十字架を担いで登ったゴルゴダの丘のように見えたことが名の由来のヴェリカ・ゴラ(Velika gora)。

上・スロヴェニア語で「美しい洞窟」を意味するレペ・ヤメ(Lepe jame)の白ホール。© Postojnska jama

上・ポストイナのダイヤモンド、ブリリアント鍾乳石(Briljant)。© Postojnska jama　右・1万人を収容できるコンサートホール(Koncertna dvorana)では、実際に年に数回コンサートが開催される。© Postojnska jama

147

ザグレブ
からの日帰り旅
5

秘密のベールに包まれた地底世界
Škocjanske jame

シュコツィアン洞窟群

　カルスト地形の語源にもなったクラス（Kras）地方にあるスロヴェニアが誇る世界最大の地下峡谷。水が削り出した巨大な地下空間と暗闇を悠々と流れるレカ川の神秘的な光景は訪れる人を圧倒します。紀元前12〜8世紀頃の出土品や宗教的儀式が行われた痕跡から、シュコツィアン一帯は遥か昔より人々がこの地で暮らし、かつてここが暗黒の地下世界、死後の世界への入り口と信じられていたと考えられています。
　洞窟内の環境保護の観点から内部での写真撮影が一切禁止されており、あまり内部の様子が写真・映像として出まわっていません。秘密のベールに包まれた地底世界の光景を、ぜひご自身の目で確かめにいらしてください。

ACCESS ▶▶▶

🚌 リュブリャナ中央バスターミナルよりバスでディヴァチャ（Divača）駅へ（約1時間10分〜1時間40分／7,90€、1日1〜4本程度／🔗 ap-ljubljana.si/en 🚆 リュブリャナ中央鉄道駅より電車でディヴァチャ駅下車（約1時間35分／8,80〜10,30€、1日8本程度）
➡ ディヴァチャ駅よりシャトルバスで約7分（または 徒歩35分）。／🔗 ap-ljubljana.si ※リュブリャナまではP.138参照

Matavun 12, Divača
☎ +386(0)5-708-2110
◎洞窟内観光は必ず洞窟専門ガイドツアーに参加する。ザグレブからの日帰りや初心者には出口①で出るコースがおすすめ。
🕐【4・6・9・10月】10:00〜15:00の毎正時【7〜8月】9:00〜16:00の毎正時【11〜3月】10:00、13:00　※12/25と1/1休み
◎【4・10月】大人18€、子ども（6〜17歳／以下同）9€【5・6・9月】大人22€、子ども10€【7・8月】大人24€、子ども12,50€【11〜3月】16€、子ども7,50€　※5歳以下無料
🔗 park-skocjanske-jame.si

MAP P.7

❶洞窟内を流れるレカ川。大地を侵食しながら約34km進んだ後、アドリア海へ流れ着く。❷約55km離れた水源から流れてくるレカ川は、カルスト地形と出会うこの地で地下へもぐる。❸神秘的な洞窟の入り口。洞窟群は1986年にユネスコ世界遺産にも登録された。❹レカ川とカルスト地形が生み出した、全長6.2kmの壮大な地下峡谷。

Rovinj
ロヴィニ

アドリア海を望む小高い丘の上につくられた小さな港町。約500年間にわたりヴェネチア共和国に支配されていた歴史を持ち、「小さなヴェネチア」とも呼ばれています。イタリアを彷彿とさせる街並みが広がり、今日でも街を歩けばクロアチア語のほかイタリア語が飛び交っています。

海の上に建ち並ぶカラフルな家、迷路のように入り組んだ石畳の路地、海辺にテラス席を構えるカフェやレストラン、そして気さくで陽気な人々が店番をするギャラリーや店……。旧市街を歩いていると、まるで映画の世界に迷い込んだような気分になります。黄昏時から夜にかけては街全体が甘美な魔法にかかります。海に浮かぶキラキラと灯がともる旧市街を目にすれば「ヨーロッパでもっともロマンチックな街」と称えられるのも納得。

街には聖エウフェミア教会以外に目立った名所はありませんが、とにかくそぞろ歩きが楽しい街。どこを切り取っても絵になるフォトジェニックな街並みに、きっとあなたも恋してしまうはずです。なお、ロヴィニおよびイストラ半島各町の観光シーズンは4〜10月上旬。11〜3月はオフシーズンで、冬季休業する店やレストラン、ホテルも多くなります。

ロマンチックな港町
Rovinj
ロヴィニ

日暮れ時、幻想的なピンク色の空に包まれるロヴィニの街、海と空。

Rovinj

かつて小さな島だったロヴィニ

今日のロヴィニ旧市街があるエリアはかつて小さな島でした。街が誕生した正確な時期は不明ですが、5世紀後半までローマ帝国、539年からはビザンツ帝国の支配下にありました。その後幾度となく支配者が変わる激動の時代をくぐり抜け、1283年にヴェネチア共和国の一部となり、17〜18世紀には造船や漁業が盛んなイストラの海事の中心地として繁栄。また1763年には島と本土の間にあった水路が埋め立てられてつながり、街は大きく発展しました。1797年にヴェネチア共和国が崩壊するとナポレオンの時代を経て、第1次世界大戦までオーストリア帝国の一部となり、その後はイタリア領に。1947年にはユーゴスラビア、91年からはクロアチアの街となり現在に至ります。

ACCESS ▶▶▶

🚌 ザグレブからバスで約3〜7時間(23〜32€／1日15〜16本運行)
⛴ ヴェネチアからフェリーで約3時間(85〜95€／1日1〜2本運航)

フォトジェニックなロヴィニ

ピンクやイエロー、オレンジのカラフルな民家、花で彩られた石畳の路地、建物の隙間からのぞく青い海。どこを切り取っても絵になるロヴィニでは、写真を撮るのがいっそう楽しくなります。狭い路地が入り組む旧市街はまるで迷路のようですが、小さな街のため地図を持たずとも迷子になる心配はありません。カメラを片手にワクワク、散策を楽しんでください！

❶ぷかぷかと海に浮かぶ船とロヴィニの街。❷黄昏時のロヴィニを眺めれば、夕日が海に沈んだ頃には日々の悩みも消えていそう。❸この先にはどんな景色が待っているのだろう？　迷い込んでみたくなる路地がいっぱい。❹初夏は路地のいたるところであざやかなピンクや真っ白なアジサイが咲く。❺素敵なカフェを見つけたら、絵葉書や旅日記を書いてのんびり過ごしてみたい。❻ロヴィニは猫が多い街。地元っ子にも旅人にも、みんなにかわいがられて幸せそう。❼路地にはためく洗濯物や民家から聞こえてくるキッチンの音に人々の生活が感じられる。❽旧市街の端を歩けば、建物の隙間から青い海がちらり、ちらり。❾キラキラと輝く街はまるで宝石のよう。空を見上げれば、たくさんの星が輝く。❿異国情緒漂う、オレンジ色のあたたかい光に包まれる夜の路地。

153

🏰 丘の上に建つロヴィニのランドマーク
Crkva sv. Eufemije
聖エウフェミア教会

Trg sv. Eufemije, Rovinj ☎ 052-815-615
🕐 10:00〜18:00、一部祝祭日休 ※ミサの時は見学不可
○冬季はミサのみ参拝者に開放（見学不可）
◎無料（ただし鐘楼は4€）

MAP P.21 C-1

　小高いロヴィニ旧市街の頂上にそびえるのは、聖エウフェミア教会の鐘楼。高さ61mのてっぺんからは街並みと海を一望することができます。

　聖エウフェミアとは、紀元290年から303年にかけてカルケドン（現在のイスタンブール）に生きた女性です。ちょうど、ディオクレティアヌス帝（P.71）がキリスト教を大迫害していた時代で、数々の拷問を受けた末に殉教したと伝えられています。

　時は流れ、800年7月13日。伝説によると、聖エウフェミアの石棺がロヴィニの海辺に漂着し、人々はそれを街の頂上の教会の前まで運びました。もともとそこには聖ユーライ（聖ジョージ）に捧げられた小さな教会がありましたが、950年頃になると聖エウフェミアの巡礼に訪れる人々を受け入れるために大きな教会が建てられました。

現在の教会は、1736年にバロック様式で建てられたもの。 ©Saša Bjelan

❶ファサードは19世紀後半に付け足されたもの。❷闘技場で熊やライオンと対峙させられ殉教したとされる聖エウフェミア。❸カルケドンからはるばる流れ着いたと伝えられる石棺は、聖エウフェミアのものとされる。

マリヤさん手づくりのバッグ専門店
Marija Smit マリヤ・スミット

　ロヴィニ旧市街北の海の近くにあるバッグの店。すべてマリアさんとご主人のドラゴさんの手づくりで、一つひとつがていねいに細部までつくり込まれています。

　どれも軽い布製なのに丈夫なため、普段使いに大活躍してくれます。マリアさんの担当は手提げバッグやリュックサックなど、手の込んだカバンたち。「僕もマリアに教わってつくれるようになったんだ」と笑顔で話してくれたドラゴさんが担当するのは、書類やちょっとしたものを運ぶのに便利なシンプルでスリムなバッグ（10€）。マリアさんとドラゴさんの愛情がこもったカバンを使うたびに、ロヴィニでの思い出がよみがえってくるでしょう。

Arnolongo 4, Rovinj
☎ 091-783-2870
🕘 9:00～17:00、日曜休
※11～3月は休業

MAP P.21 C-1

❶シンプルなデザインで持ちやすく、日常使いに最適なバッグ（30€）。❷店の近くはかわいい猫たちが集まるスポットでもある。❸とても仲よしのドラゴさんとマリアさんご夫妻。❹ハンドメイドで少量生産のため、気に入ったものがあれば即決するべし。❺ポップな色使いのキュートなカバン（55€）。

❶ルームスプレーやファブリックスプレー、ビーチタオル(34€)も取り扱う ❷レモン、シダーなどがミックスされたルームフレグランス「夜のアリア」(100ml／15€)。❸やさしい香りのボディローション(250ml／20€)。❹ロヴィニのメインストリートであるカレラ通りに面している。

🛍 ロヴィニの香りをお家に

Profumo di Rovingo

プロフモ・ディ・ロヴィニョ

　香水、アロマディフューザー、石鹸やボディケア用品など、毎日の生活に華やぎを添えてくれるアイテムが数多く揃う店。Aria da nuoto（夜のアリア）、Notte di San Lorenzo（サン・ロレンツォの夜）、Ricordi di fiori al vento（風になびく花々の思い出）などなど、フレグランス・アイテムには、ロヴィニの街角で咲く花々や風景からインスピレーションを得た名前が付けられています。ロヴィニらしいおしゃれなアイテムが手に入る、と観光客のみならず地元っ子にも大人気。
「旅を終えてみなさんが家に帰った時、ロヴィニでの楽しい記憶をふっと呼び起こしてくれるような素敵なアイテムをつくりたかったんです」と話すサマンサさん。ロヴィニで過ごした思い出に、大切な人へのおみやげにぜひ！

📍 Carera 45-47, Rovinj
☎ 052-813-419
🕐 9:00～23:00(11～3月16:00)、一部祝祭日休
※イースター、クリスマス、年末年始、1/15～31休業
🔗 profumodirovigno.com

MAP P.21 D-2

ロヴィニ生まれで街をこよなく愛する、オーナーのサマンサさん。

Trg Campitelli 1, Rovinj
☎ 091-518-1229
⊙【4〜12月】8:00〜翌1:00、
【1〜3月】14:00〜18:00、無休
URL facebook.com/
aperitivbarcircolo

MAP P.21 D-2

ロヴィニの街角でチルアウト
Aperitiv bar Circolo
アペリティブ・バー・ツィルコロ

　ロヴィニのメインストリートの一角にある、隠れ家っぽい人気のカフェ・バー。落ち着いた雰囲気が漂う店内の内装やインテリアは、主にオーナーのマルコさんが自ら手掛けたのだそう。そんなマルコさんの情熱が詰まったこの店には、多くの地元っ子も集います。

　コーヒーやソフトドリンクなど、さまざまなドリンクが揃いますが、おすすめはカクテルとスムージー。ここでしか飲むことができないマルコさんオリジナルのシグネチャー・カクテル（5〜11€）はロヴィニの夏の夜にぴったり。旬のフルーツをたっぷりと使ったスムージーは身も心もリフレッシュさせてくれます。5〜9月は旬の野菜をいかした週替わりの朝食メニューも。夏にはほぼ毎日のペースでライブも開催されます。

❶一見寡黙でクールだけれど、やさしいマルコさん。❷季節のフルーツのスムージー（8〜12€・左）とビターオレンジとイチゴのカクテル（7€）。❸階段を上った先がテラス席、さらにその奥の建物内に屋内席がある。❹カウンターの椅子は学校で使われていたものをマルコさんがリメイクしたもの。

メニューのない人気郷土料理店
Konoba Jure
コノバ・ユレ

　旧市街から徒歩約15分、ロヴィニの閑静な住宅地に店を構える穴場レストラン。観光地から少し離れているため観光客が少なく、店内はいつもたくさんの地元の常連客でにぎわっています。

　イストラ半島の伝統料理を中心に、シーフードから肉料理まで楽しめますが、メニューがないというちょっと変わった店。なぜなら、その日仕入れた食材でつくることができる最良の料理を提供しているから。魚料理専門のシェフは朝自ら漁に出るというこだわりぶり。だから魚の新鮮さはお墨付きです。

　注文するのにちょっぴり勇気がいるかもしれませんが、スタッフにその日のおすすめを尋ねてみてくださいね。1人あたりの予算は25〜50€程度です。

❶地元の常連でいつもにぎわう店内。❷居心地よい雰囲気を醸し出す店内の暖炉では肉も調理される。❸うまみたっぷり、やわらかいタコがゴロゴロ入ったリゾット(18€)。❹ベーコンや野菜たっぷりの伝統的なパスタ、プリュカンツィ(15€)。❺元気いっぱい、新鮮なロブスターを見せてくれるオーナーのユレさん。

Cademia 22, Rovinj
☎ 052-813-397　⏰ 12:00〜23:00、水曜休
※祝日および11〜3月の冬季は、電話などで営業状況を事前にご確認を
URL facebook.com/pages/Rovinj-Konoba-Jure/355584647874603

MAP P.21 D-2先

🍽️ 海辺の絶景・絶品レストラン
Puntulina プントゥリナ

Sv. Križ 38 , Rovinj
☎ 052-813-186　🕛 12:00〜22:00（季節により変動あり）、一部祝祭日休 ※1・2月は冬季休業　URL puntulina.eu
MAP P.21 C-1

Rovinj

　地元でも大評判の絶景シーフード・レストラン。味はもちろんのこと、美しい盛り付け、景色、雰囲気など総合的に大満足できるイチ押しの店です。

　おしゃれなレストランですが、家族経営でスタッフがみんな気さくで親切なのも大きな魅力のひとつ。屋内の席もありますが、天気のよい日は海岸の岩場のテラス席が断然おすすめです。

　キラキラ輝くアドリア海を眺めながらのランチも素敵ですが、ロマンチックなディナーを楽しみたい人は、日没の約1時間前からスタートしましょう。アドリア海の風に吹かれて最高の料理を楽しむひとときは、きっと一生の思い出になることでしょう。

❶かなりの人気店なので予約をお忘れなく！ ❷イストラ産のワインも豊富に揃う。❸シーフードのカルパッチョ（24€）とシュカンピ＆エビのブリュカンツィ（25€）。❹削りたての生の黒トリュフがたっぷりのった白身魚のフィレ（40€）。

❸

❶

❷

❹

日本が大好きという、オーナーのミリャナさん。

ロヴィニ旧市街を望む人気ビストロ
Snack bar Rio
スナック・バー・リオ

　海辺のプロムナードの一角に位置する家族経営の小さな店。「スナック・バー」の名にそぐわないしっかりとした食事を楽しめ、新鮮なシーフードやパスタが特に人気です。地元っ子にも人気で、約30席程度の小さな店内はいつもにぎわっています。気軽においしいごはんを楽しみたい時にぜひ！

❶港越しにロヴィニの美しい街並みが見える。❷春限定のエビとワイルドアスパラガスのパスタ。パスタは常時6種類ほど（14～22€）。❸デザートには絶品チョコレート・スフレ（6,50€）を。

Obala Alda Rismonda 13, Rovinj　☎052-813-564
🕗 8:00～21:00、一部祝日休 ※季節により変動あり
URL instagram.com/riorovinj/

MAP P.21 D-2

海辺のサンセット・カクテルバー
Molo Grande Café Bar
モロ・グランデ・カフェ・バー

　アドリア海を眺めながらドリンクを楽しむなら、こちらの店へ。目の前に海が広がるテラス席で、開放的な気分を満喫しましょう。真っ青なアドリア海を眺めながらのコーヒーブレイクも素敵ですが、とくにおすすめしたいのは夕暮れ時のカクテルタイム。テラス席からアドリア海に沈みゆく美しい夕日を眺めることができます。

❹オリジナルをはじめ、種類豊富なカクテルが自慢。コーヒーなどソフトドリンクもある。❺バラが浮かぶ華やかなノンアルコール・カクテル「Beauty Water」（6€）。❻海の側のテラス席はたくさんの地元っ子も集う憩いのスポット。

Ul. sv. Križa 4, Rovinj　☎052-817-051
🕗 9:00～20:00、夏季8:00～翌2:00、無休
※11月中旬～3月初旬休業
URL facebook.com/MoloGrande2010

MAP P.21 D-1

大人のための隠れ家ホテル
Spirito Santo Palazzo Storico
スピリット・サント・パラッツォ・ストリコ

❶ ひと部屋ずつインテリアや雰囲気が異なる客室。❷ 夜のみ営業の併設レストラン（18〜22時／水曜休）もあり、ワインのストックも豊富。❸ 開放的な空気に包まれた、ホテルのカフェの屋上テラス席。

Augusta Ferrija 44, Rovinj
☎ 099-435-4333
🛏 1室120€〜（朝食込み）／全16室
※1月上旬〜3月中旬は冬季休業
URL hotel-spiritosanto.com

MAP P.21 C-2

ロヴィニ旧市街内の裏路地にひっそりと佇むブティックホテル。1820年代に建てられた歴史的な建物を改装し、2017年にオープンしました。客室はわずか16室、1日最大で36名のみ宿泊可能な大人のための上質な空間。このホテルのために特別にあつらえた素敵な家具が配置されています。旧市街エリアにありますが、中心部から離れているため、静かに過ごすことができます。

ロヴィニ旧市街のど真ん中にステイ
Heritage Hotel Angelo d'Oro
ヘリテージ・ホテル・アンジェロ・ドロ

Ul. Vladimira Švalbe 40, Rovinj ☎ 052-853-920 🛏 1室90€〜（朝食込み）／全23室 ※年始〜3月中頃まで冬季休業 URL angelodoro.com/hr

MAP P.21 C-1

ロヴィニ旧市街の中心部に位置するブティックホテル。17世紀に建てられた司教の邸宅を改装したホテルで、館内はエレガントな雰囲気に包まれています。かつての邸宅の間取りをいかしたホテルのため、それぞれの部屋の造りは少しずつ異なりますが、すべてシンプルでシックにしつらえられています。

ロビーエリアのすぐ横にあるカフェは、優雅なティータイムにぴったりです。

❹ カフェは宿泊客以外も利用可能。❺ 旅情緒が誘われる、ルーフトップの部屋（ツインルーム）。

龍脈が交差する、天空の街
Motovun モトヴン

ロヴィニからの日帰り旅 1

10〜4月の早朝は、モトヴンの丘周辺が霧に包まれ、幻想的な景色が広がることも。

　イストラの大地は、さまざまな不思議な物語や神秘的な空気に満ちています。巨人により造られたという伝説が伝わる街が点在しますが、そのひとつが小高い丘の上に築かれた中世の街、モトブン。現地の言葉で「ズマイスケ・ツルテ（zmajske crte）」、大地を流れる気のルートである龍脈が交差する位置に横たわる町と古くから言い伝えられており、大地が発するエネルギーがあふれるパワースポットのような場所です。モトブンやその周辺を訪れると、いつもなぜか気分がよくなるという人が多いのも事実。澄んだ空気を胸いっぱい吸い込み、丘の上の町からどこまでも広がる大地やその向こうに横たわるアドリア海を眺めていると、心の隅々までリフレッシュされ、不思議と心が落ち着いてきます。

　モトブン周辺は「トリュフの森」が広がるトリュフの名産地。旧市街には贅沢にトリュフをたっぷりと使った料理を楽しめるレストランや、トリュフ農家直営のトリュフ専門店もあります。

❶美食の大地としても知られるイストラ。トリュフのほか、ワインやアスパラガス料理も名物。❷旧市街の門内に飾られた有翼の獅子は、かつてここがヴェネチア共和国の支配下にあった証。❸カフェが点在する頂上付近。見晴らしの良いテラス席でリラックスタイムを楽しんで。

ACCESS ▶▶▶

🚌ロヴィニからパズィン（Pazin）まで30分〜1時間35分（片道6€前後／1日に5〜10本程度運行）、そこからモトブン行きのバスに乗り換え約30分（片道4,70€／1日に2〜3本程度運行）。URL buscroatia.com/bus-station-rovinj
◎ザグレブからパズィンまで3時間〜3時間45分（片道18〜23€／1日に11〜16本程度運行）
◎モトブンのバス停は丘の麓にあり、頂上までは徒歩20〜30分（麓から旧市街の近くまで有料のシャトルバスあり）

トリュフ狩りの相棒は犬

「トリュフを探す動物は豚」というイメージがあるかもしれませんが、クロアチアではトリュフハンターたちは犬と一緒に狩りを行います。モトブン周辺にはトリュフハンターが住んでおり、事前予約すればトリュフ狩り体験も可能です（トリュフ狩り1時間程度、ランチ込みで1人85€～）。
◎トリュフ農家のミロさん一家
URL miro-tartufi.com

①

右・モトブン周辺の森では、一年を通して黒トリュフ、秋から冬にかけては白トリュフが採れる。左・希少価値が高い白トリュフ。黒トリュフよりも香りが強く、生食用に向いているとされる。

🔭 ブドウ畑とトリュフの森を見渡す
Gradske zidine 城壁

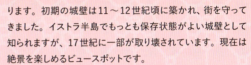

②

モトブン旧市街は城壁に囲まれており、16世紀に建てられた2つの塔の門をくぐりぬけて入ります。初期の城壁は11～12世紀頃に築かれ、街を守ってきました。イストラ半島でもっとも保存状態がよい城壁として知られますが、17世紀に一部が取り壊されています。現在は絶景を楽しめるビュースポットです。

❶丘陵地帯に広がるブドウ畑やトリュフの森を一望できる。❷丘の頂上の城壁からの眺め。城壁内の旧市街は13～16世紀の中世の街並みが残っている。

☎ 052-681-642
⏰【3～11月】9:00～17:00（4・5・9月 19:00、6・7・8月 21:00、10月 18:00）、無休
💰大人5€、7～18歳 2,50€、7歳未満無料（※時間外・12～2月は無料）

MAP P.22 A-1

🍴 トリュフ料理を堪能するなら
Konoba Mondo コノバ・モンド

モトブンの丘の頂上に続く坂道の途中にあるトリュフ料理店。街を代表する人気店で、定番のトリュフのフジ（パスタ／25€）はもちろん、トリュフのリゾット（28€）、ビーフステーキのトリュフ添え（45€）など、さまざまな種類のトリュフ料理を堪能することができます。イストラ産のおいしいワインとともに、トリュフ尽くしを楽しんでください。

④

⑤

❸ミントグリーンの窓枠と扉が目印。❹削りたてのトリュフがたっぷりのせられた、贅沢なフジ（P.44）。❺トリュフの風味豊かな濃厚なリゾット。カリカリに焼いたチーズを添えて。

Barbacan 1, Motovun
☎ 052-681-791 ⏰ 12:00～22:00、
※12/25休、12/31はランチ営業のみ
1月は冬季休業 URL konoba-mondo.com

MAP P.22 A-1

ロヴィニからの日帰り旅 / Motovun

163

ロヴィニ
からの日帰り旅
2

アーティストが愛する中世の町
Grožnjan
グロジュニャン

ACCESS ▶▶▶
🚕ロヴィニからグロジュニャンまでタクシーで約1時間（100€前後）
⚠️オフシーズンはほとんどの店が閉まるので、5〜9月がおすすめ

　オリーブ畑やブドウ畑に囲まれた標高228mの小高い丘の上に築かれた小さな町。「アーティストの町」として知られ、たくさんのギャラリーやアトリエがひしめき合っています。
　第2次世界大戦以降イタリア人が去り、空き家だらけになっていましたが、1965年以降は世界中から芸術家たちが集まり、活気を取り戻しました。以降、毎年気候のよい時期に画家や音楽家、彫刻家、俳優など芸術を愛する人々が集まります。ゆったりとした幸せな時間が流れるグロジュニャンは、訪れる旅人の心をやさしく包んでくれます。

❶ハンドメイドのアクセサリーや雑貨を販売する店が点在している。❷トリュフやリキュール、オリーブオイルなど、イストラ名産の食品を売る店も。

☕ 見晴らしの良い絶景カフェ
Caffe bar VERO カフェ・バー・ヴェロ

　グロジュニャン周辺の景色を一望できる、最高のテラス席が自慢。コーヒー（1,60€〜）のほか、冷たいビールやイストラ産のグラスワイン、ケーキ（3,90€〜）やアイスクリームも揃っています。緑の大地を眺めながらのんびりと過ごすひとときは、素晴らしい旅の思い出となるはず。アトリエめぐりに疲れたら、ぜひ立ち寄ってみてください。

Corner 3, Grožnjan
☎052-776-026　🕐夏季8:00〜翌2:00、冬季8:00〜24:00（変動あり）、一部祝祭日休
🔗facebook.com/Caffe-bar-VERO-Gro%C5%BEnjan-Grisignana-231999453607592

MAP P.22 A-2

居心地のよい絶景テラス席は、地元っ子もお気に入りの場所

ロヴィニ
からの日帰り旅
3

世界遺産エウフラシウス大聖堂を訪ねて
Poreč ポレチュ

上・ヴェネチアからの船も発着するポレチュの港。左・ポレチュの観光シーズンは5〜10月。オフシーズンは冬季休業となる店が多い。

ACCESS ▶▶▶

🚌 ロヴィニからバスで40〜50分（片道6〜9€／1日9本程度運行）

⛴ ヴェネチアからフェリーで2時間45分〜3時間30分（片道74〜84€／5〜10月のみ1日1〜2本運航）

紀元前6世紀から4世紀の古代ギリシャの歴史家や地理学者が、かつてポレチュにあった小さな漁村について記していることから、2000年以上の歴史を持つとされる町。紀元前2世紀頃にローマ人が入植し、軍事都市として発展しました。町の海岸線に数々の美しいビーチがあることでも知られ、毎年夏になるとバカンスを楽しむ大勢の観光客でにぎわいます。

🏛 1000年以上前の神秘の輝きを今に伝える
Eufrazijeva bazilika
エウフラシウス大聖堂

4世紀の礼拝堂の跡地に、6世紀初期に建設された初期ビザンツ様式の特徴を残す大聖堂で、1997年に世界遺産に登録されました。最大の見どころは、聖堂内の壁に6世紀に描かれたモザイク画。ビザンツ帝国の皇帝が8世紀に発布した「聖像禁止令」によって、ヨーロッパにある多くのキリスト教のモザイク画が破壊されてしまいました。後世に修復されたものがほとんどであるなか、奇跡的に破壊を逃れ当時のままの姿を残すこのモザイク画は非常に貴重です。

❶遥か昔の人々が「神の家」を想像しながら描いたであろう黄金に輝くモザイク画。ⒸJosep Renalias ❷街のシンボルとして愛される魚のモザイク。魚は初期キリスト教の象徴として用いられた。

Eufrazijeva 22, Poreč ☎052-431-635
🕐【1〜3・11・12月】9:00〜16:00【4・5・9・10月】9:00〜18:00【7・8月】9:00〜21:00、日曜・一部祝祭日休（ミサ中は拝観不可）※1〜2・11・12月の土曜はクローズ、3月の土曜は14:00まで
💰大人10€、6歳未満無料
🔗 zupaporec.com/eufrazijeva-bazilika.html
MAP P.22 C-2

クロアチア旅のヒント

日本からクロアチアへ

　日本～クロアチア間の定期直行便は運航していないため、1都市を経由してザグレブまたはドブロブニクの空港から入国するのが一般的。2025年1月現在、東アジアからは唯一、大韓航空が仁川～ザグレブ間の直行便を週3便運航しており、今後も夏季のみ運航予定。そのほかスロヴェニアやオーストリア、ハンガリーなど近隣諸国から陸路でのアクセス、イタリアのヴェネチア、アンコーナ、バーリなどから船でのアクセスも可能です。

ETIAS（ヨーロッパ渡航情報・認証システム）

日本のパスポート保有者は観光・ビジネス・短期留学目的であれば、クロアチアを含むシェンゲン加盟国に90日間までビザなしで入国・滞在が可能ですが、シェンゲン圏の出国日から3ヵ月以上有効なパスポートが必要です。なお2025年中頃にETIASが導入される予定。開始後は事前の申請が必須です。オンラインで申請でき料金は7€（18歳未満および70歳以上無料）。出発96時間前までの申請が求められています。

◎ETIAS申請ページ
🔗 etias.co.jp/application

ドブロブニク

● 空港から市内へ

　ドブロブニク空港から市内へは、空港シャトルバスかタクシーを利用します。シャトルバスは終点の中央バスターミナルまで約45分。途中、旧市街前にも停車します。料金は片道10€（2025年1月時点。運賃の値上げが頻繁なので要確認）、飛行機の到着に合わせて運行しています。

　タクシーは旧市街まで約30分、ラパド半島エリアまで約40分（相場は40～50€前後）。

◎空港シャトルバス（Platanus）
🔗 platanus.hr/shuttle-bus.html

◎ドブロブニク空港から市内へのアクセス情報（ドブロブニク空港HP）
🔗 airport-dubrovnik.hr/index.php/en/passenger-services/transfers

● 市内の移動方法

　ドブロブニク市内での主な移動手段は市バスかタクシー。観光スポットはすべて城壁内、または城壁から徒歩圏内にまとまっています。このエリアのホテル宿泊者は市バスを利用する機会は基本的にはありませんが、ラパド半島に宿泊する人は利用機会が何度かあるでしょう。バスのチケットは運転手から買うと2,50€、事前に街角のチケット売り場やキオスクで買うと1,73€。現金、クレジットカードどちらも使用可能です。

ドブロブニクの市バスはオレンジ色。

◎ドブロブニク市営バス
🔗 libertasdubrovnik.hr/hr

ザグレブ

● 空港から市内へ

　ザグレブ空港から市内へは、空港シャトルバスかタクシーを利用。空港シャトルバスは中央バスターミナルまで約30分（片道8€）。空港発は始発が6:00、その後6:30～21:00の間、ザグレブ中央バスターミナル発は4:00から20:30の間、いずれも30分～1時間に1本運行しています。中央バスターミナルからはトラムに乗り換えて市内中心部まで移動する方法が一般的。タクシーは市内まで約30分、運賃は35～40€です。トラム車内や中央バスターミナル付近ではスリ被害が多発しているので要注意!

◎シャトルバス時刻表
🔗 plesoprijevoz.hr/timetable

● 市内の移動方法

　基本的に主要観光スポットは徒歩でまわれる

ので、あまり利用する機会はないかもしれませんが、ザグレブ市内にはトラムとバスが運行しています。チケットはトラムとバス共通。車内で運転手からも購入できますが割高。スムーズな乗車のためにも、乗車前にキオスクで購入しておくことをおすすめします。

バス、トラムは乗車したら自分で車内に設置されている打刻機にチケットを差し込み刻印します。しっかりと時刻が印字されているかを確認して、必ず降車までなくさないようにしてください。チ

ケットは2種類。キオスクでの事前購入の場合①打刻時より30分間乗車可能なチケットが0,53€、②打刻時より60分間乗車可能なチケットが0,93€（いずれも1方向に限る）。旅行者がよく利用するトラム駅は、Trg bana J. Jelačića（イェラチッチ総督広場前）、Autobusni kolodvor（中央バスターミナル前）、Glavni Kolodvor（中央鉄道駅前）など。ザグレブ市内中心部のみを移動する旅行者には、①のチケットが最適です。

©(Mick Baker)rooster
ザグレブ市内を走るトラムは青色。

30分乗車可能なチケット。バスとトラムは共通。

◎ザグレブ市営交通（ZET）
URL zet.hr

クロアチア国内と近隣都市の都市間移動

クロアチア国内移動

● 長距離バス

クロアチアを安く旅するには長距離バスの利用が便利。クロアチアでは鉄道網より長距離バスルートの方が発達しており、本数も多いのです。チケットは各都市の中央バスターミナルのチケット販売窓口での直接購入が一般的ですが、夏の観光シーズンには人気の時間帯や区間は売り切れてしまうことも珍しくないため、事前にオンライン購入しておくと安心です。

◎各都市の中央バスターミナル情報
ドブロブニク　URL autobusni-kolodvor-dubrovnik.com
スプリット　　URL ak-split.hr
ザグレブ　　　URL akz.hr

● 飛行機

クロアチア国内には、ザグレブ、ドブロブニク、スプリットほか、ザダル、プーラ、オシイェクなどに空港があります。とくにザグレブ〜ドブロブニク間の移動は国内線が便利。日本の国内線と異なり、クロアチアでは国内線でも国際線と同様、液体物の持ち込みが厳しく制限されています（液体物は1つにつき100ml以下の容器に入れ、1L以下の透明なジッパー付きビニール袋に入れれば機内に持ち込み可）。

◎クロアチア航空　URL croatiaairlines.com
◎トレード・エア　URL trade-air.com

● 鉄道

長距離移動の電車にはトイレが付いているので安心。

あまり鉄道網が発達していないクロアチアでは、長距離バスとくらべ本数がかなり少ない上、所要時間もバスよりも長い区間が多く、旅行にはあまり便利とはいえません。場合によっては鉄道の旅も一案。とくにザグレブ〜リュブリャナ間の移動は、車窓からの景色が美しい鉄道がおすすめです。

◎クロアチア国鉄（HŽ）　URL hzpp.hr
◎スロベニア国鉄（SŽ）　URL slo-zeleznice.si/sl

● フェリー

夏はとくに人気のフェリー。

クロアチア本土と島々、またクロアチア〜イタリア間なども結ぶ船。夏はスプリット〜フヴァル島〜コルチュラ島〜ムリェット島〜ドブロブニク間の移動は船の旅もおすすめです。人気の区間は夏には当日券が売り切れとなることもあるため、事前購入しておくとよいでしょう。

◎ヤドロリニヤ（Jadrolinija）　URL jadrolinija.hr
◎クリロ（Krilo）　URL krilo.hr

● タクシー

ザグレブ空港前のタクシー乗り場。

基本的にクロアチアでは流しのタクシーがいないため、電話で呼ぶか、タクシー乗り場で乗車します。ザグレブでは初乗り2,50〜3,50€、1km毎に1,40〜1,80€。スプリットでは初乗り1,80€〜、1km毎に1,30€〜、空港から市内までは50〜55€。ドブロブニクでは初乗り4€〜、1km毎に2,20€前後、空港からツァブタットまで20€前後、空港からモスタルまで270€前後、空港からスプリットまで約410€、ピレ門前からグルージュ港まで13€前後、ピレ門前からツァブタットまで35〜45€がおよその相場（いずれも乗用車タイプ）です。

◎ Eko Taxi（ドブロブニク、スプリット、ザグレブにあり）
　URL ekotaxi.hr/　☎ ド:020-432-432、ス:021-223-、ザ:01-1414
◎ Radio Taxi Zagreb（ザグレブのみ）
　URL radiotaxizagreb.hr　☎ 01-1717

お金

● 現金

2023年よりクロアチアの通貨はユーロになりました。EURまたは€と表記されます（本書では€）。500、200、100、50、20、10、5€紙幣があり、コインは2、1€。1€より小さい単価はセント

(cent)で、50、20、10、5、2、1centのコインがあります（1€=100cents）。

● 両替

日本円からユーロへの両替は空港、銀行、郵便局、ホテル、街中の両替店などで可能ですが、出発前に日本で両替したほうがレートがよいことが多いです。

クロアチア語で両替所はMjenjačnica（ミェニャチニッツァ）。

● クレジットカード

クロアチアではクレジットカードが普及しており、VISA、次いでMasterが便利です。クレジットカードで支払いをする際は、サインではなくPINコード（カードの暗証番号）の入力を要求される場合がほとんどなので、暗証番号を確認しておきましょう。なお、街角に設置されているATMでは、クレジットカードで現地通貨（ユーロ）で現金を引き出せる海外キャッシングサービスを利用できます（対応していないカードもあるので、必ず出発前にご確認を）。

青空市場や露店、カフェ、ベーカリー、空港シャトルバスや市バス・トラムの公共交通機関内のチケット購入や多くのアパートメントホテルはクレジットカード払いは不可。一部のタクシーや長距離バスのチケットの窓口（チケット販売の窓口によりクレジットカード払い可・不可が分かれている）も現金払いのみの場合もあるのでご注意ください。

● チップ

必須ではありませんが、やはり素晴らしいサービスを提供してもらった時に感謝を表す方法のひとつとしてチップは最適です。金額はあくまでも気持ちですが、高級レストランなら合計金額の10％程度、一日お世話になったドライバーやガイドには20〜30€程度、ホテルのポーターやピローチップは最低2€〜、ピローチップは備え付けのメモ用紙などに「Arigatou! Hvala!」と日本語（ローマ字）とクロアチア語の両方でメッセージを添えて置くのがおすすめです。カフェやカジュアルなレストラン、タクシーの支払い時には合計金額の端数部分を切り上げるなど、お釣りとなる金額をチップとして渡すとよろこばれます。

治安

女性ひとりでも安心して旅を楽しめる国ですが、残念なことに近年旅行者のスリ被害が多発しています。財布やパスポートなどの貴重品はカバンの内ポケットなどに入れ、簡単に手が届かない場所に保管する、死角となる場所（リュックサックなど）に貴重品は入れない、という2点を徹底してください。

◎ 緊急連絡先
警察192　消防193　救急194

◎ 在クロアチア日本大使館
（Veleposlanstvo Japana u Republici Hrvatskoj）
Boškovićeva 2, 10000 Zagreb ☎ 01-4870-650
⏰ 8:30〜12:00、13:00〜17:00、土日曜・祝祭日（クロアチア、日本とも）休
URL hr.emb-japan.go.jp　MAP P.19 B-3

Wi-Fi事情

クロアチアではホテルはもちろん、カフェやレストランを中心に無料でWi-Fiを利用できます。カフェでのWi-Fiの利用にはパスワードの入力が必要なことがありますが、ドリンクを注文すると渡されるレシートにパスワードが表示されているので、それをWi-Fiネットワークシステムに入力すればOK。もしパスワードがわからない時は、スタッフに尋ねましょう。

水

クロアチア語で水はヴォダ（voda）。水道水は安心して飲めますが、お腹が弱い人や衛生面が気になるという人はスーパーなどでペットボトルの水を購入したほうが無難でしょう。クロアチアでもっともポピュラーな飲料水

はヤナ(Jana)というブランドのもので、スーパーで500mlのボトル1本0,80€前後で購入できます。ラベルの一部に「gazirano」という表記があるものは炭酸入り。炭酸なしのものは「negazirano」です。

電圧・プラグ

プラグはCタイプ。

　クロアチアの電圧は230V、周波数は50Hzです。日本とは電圧が異なるため、電化製品をクロアチアで使用する場合は変圧器が必要となります(ただし、ノートパソコン、スマートフォン、デジカメの多くは変圧器不要)。プラグはCタイプ。現地で調達するには手間がかかるため、日本出発前に準備しましょう。近隣のスロヴェニアやボスニア・ヘルツェゴビナ、モンテネグロも、クロアチアと同じです。

トイレ事情

　クロアチアの街中ではあまり公衆トイレを見かけませんが、観光客がよく訪れる都市にはところどころに設置されています。多くが有料トイレ(0,50〜1€程度)なので、小銭を用意しておくと安心です。

旅のおともに便利なもの

◎上着：真夏でも天気が悪い日や朝晩など急激に冷え込むこともあるので通年必須。またスロヴェニアのポストイナ鍾乳洞やシュコツィアン洞窟群は通年洞内の気温は10〜12℃程度です。なお、6〜9月上旬は21時近くまで空が明るく、11〜2月の日没は16時頃。時間帯や場所により変わる気温には重ね着で調整を。10月末〜3月末はとくに内陸部は雪が積もることもあるので、あたたかいセーターやコートのほか、手袋やマフラー、耳あて、帽子、ブーツ、厚めの靴下や下着など、念入りな防寒対策を。

◎雨具(折りたたみ傘と雨合羽)：雨の日のプリトヴィッツェ散策には傘だけでは身体が濡れてしまうため雨合羽が便利。季節的には9月中頃から雨の日が増えます。雨の日は雨具で視界が狭く手もふさがりがちになるため、スリが暗躍する日。雨合羽ですっぽりとリュックサックやカバンごと覆ってしまえば、スリ対策にも効果的。

◎携帯電話・スマートフォン：公衆電話がほとんどないため、緊急時や家族と連絡が取れるように、海外でも使える携帯電話があると安心。またアパートメントホテルに宿泊する人は、現地キャリアに対応したSIMカードがあるとホテルのスタッフとの連絡に便利。

◎日焼け止め、帽子、サングラス(夏)：夏のクロアチアは日差しが大変強く暑いため、熱中症対策は欠かせません(35℃を超える日も)。こまめな水分補給もお忘れなく！

◎常備薬：胃腸薬や風邪薬、痛み止めなど、普段から飲み慣れている薬を用意していると万が一の時に心強いです。また春から夏にかけては、虫よけスプレーやかゆみ止めの用意もぜひ。

※ビーチに持って行きたい持ち物はP.34、ホテルに用意したい持ち物はP.56を参照。

クロアチアの祝祭日

1月1日	新年
1月6日	救世主公現祭
4月20日	イースター*
4月21日	イースターマンデー*
5月1日	メーデー
5月30日	国家の日
6月19日	聖体祭*
6月22日	反ファシストの日
8月5日	勝利と国民感謝の日
8月15日	聖母被昇天祭
11月1日	万聖節(諸聖人の日)
11月18日	祖国戦争犠牲者追悼の日
12月25日	クリスマス
12月26日	聖ステファノの日

*移動祝祭日(日付は2025年のもの)

旅に役立つクロアチア語

● 基本のあいさつ

Dobro jutro.
ドブロ　ユートロ（おはよう）

Dobar dan.
ドーバル　ダン（こんにちは）
◎クロアチアでは、店やレストランに入る時
あいさつするのがマナー

Dobra večer.
ドブラ　ヴェーチェ（こんばんは）

Doviđenja.
ドヴィヂェーニャ（さようなら）
◎店を出る時（何も買わなくても）、
誰かと別れる時に

Ugodan dan !
ウゴダン　ダン（素敵な一日を！）

まずはドーバル・ダンと
フヴァラのふたつを
覚えて使ってみよう！

● ショッピング・観光で

Kolika je cijena ?
コリカ　イェ　ツィイェナ（いくらですか？）

Molim Vas, dajte mi ovo.
モーリム　ヴァス　ダイテ　ミ　オヴォ（これをください）

Gdje je WC ?
グディエ　イェ　ヴェーツェー？（お手洗いはどこですか？）

Smijem li fotografirati ?
スミィエム　リ　フォトグラフィラティ（写真を撮ってもいいですか？）
◎とくに青空市場で、商品や人の写真を
近距離から撮りたい場合は、ひと言声をかけましょう

Želim doći do ove adrese.
ジェーリム　ドチ　ド　オヴェ　アドレセ
（＜住所を見せながら＞この住所まで行きたいです）

● ひと言会話

Da / Ne
ダー / ネ（はい / いいえ）

Hvala.(Hvala Vam)
フヴァラ / フヴァラ　ヴァン
（ありがとう / ありがとうございます）

Molim / Nema na čemu.
モーリム！/ ネマ　ナ　チェム（どういたしまして）

Oprostite.
オプロスティテ（ごめんなさい）
◎「ソーリー（Sori）！」でも通じる

Zovem se ○○
ゾヴェム　セ　○○（私の名前は○○です）

Ja sam Japanac. / Japanka.
ヤー　サム　ヤパナッツ / ヤパンカ
（私は日本人男性 / 日本人女性です）

Govorite li engleski ?
ゴヴォリテ　リ　エングレスキ（英語を話せますか？）

Ukusno !
ウクスノ（おいしい！）

Živjeli !
ジヴェリ（乾杯！）

● 数字

0	ヌラ nula
1	イェダン jedan
2	ドヴァ dva
3	トゥリ tri
4	チェティリ četiri
5	ペット pet
6	シェスト šest
7	セダン sedam
8	オッサム osam
9	デヴェット devet
10	デセット deset

Index

Dubrovnik ドブロブニク
●見る、楽しむ
クロアチアン・ナイーブ・アート・ギャラリー …………… 032
城壁 …………………………………………………………… 027
スルジ山 ……………………………………………………… 028
聖母被昇天大聖堂 …………………………………………… 030
セバスチャン・アート／ギャラリー ……………………… 033
独立戦争博物館 ……………………………………………… 029
ドブロブニク旧市街 ………………………………………… 026
ドミニコ会修道院 …………………………………………… 032
バニェ・ビーチ ……………………………………………… 034
フランシスコ会修道院 ……………………………………… 031
ロクルム島 …………………………………………………… 036
ワイン・ミュージアム・ドブロブニク …………………… 033
●買う
ヴァレン／伝統ジュエリー ………………………………… 039
デシャ・プロ／手工芸品、食品 …………………………… 040
ドゥブロバチュカ・クチャ／コスメ、菓子、アクセサリー … 038
マラ・ブラーチャ薬局／薬品、スキンケア、コスメ …… 031
メデューサ／雑貨、アクセサリー ………………………… 038
ライフ・アコーディング・トゥー・カワ
／雑貨、クラフトビール ………………………………… 039
●食べる、飲む
コギート・コーヒー／カフェ ……………………………… 051
コナヴォスキ・ドゥポリ（コナプレ地方）
／ペカなど伝統料理 ……………………………………… 055
コプン／クロアチア伝統料理 ……………………………… 047
ジアニ／アイスクリーム …………………………………… 052
スタラ・ロザ／肉・シーフード、パスタ ………………… 046
トラットリア・カルメン／シーフード、パスタ ………… 049
ドルチェ・ヴィータ／アイスクリーム、スイーツ ……… 052
バフェット・シュコラ／サンドイッチ …………………… 050
プロト／シーフード ………………………………………… 048
ボタ・シャレ／牡蠣、シーフード ………………………… 048
マルデン／ワイン、タパス ………………………………… 050
●泊まる
ストラドゥン・ビュー・エン・スイート・ルームズ
＆スタジオ ………………………………………………… 057
ホテル・エクセルシオール・ドブロブニク ……………… 058
ザ・バイロン・ドブロブニク ……………………………… 059
＜日帰り旅＞
▼コルチュラ島
聖マルコ大聖堂 ……………………………………………… 061
アディオ・マーレ／ダルマチア伝統料理 ………………… 061
▼モンテネグロ
城壁 …………………………………………………………… 063

▼ボスニア・ヘルツェゴビナ
コスキ・メフメド・パシャ・ジャーミヤ／モスク ……… 066
トルコの家／伝統住居 ……………………………………… 067
ウルバン・テイスト・オブ・オリエント／肉、伝統料理 … 068

Split スプリット
●見る、楽しむ
金の門、グルグール像 ……………………………………… 073
聖ドムニウス大聖堂 ………………………………………… 074
洗礼室 ………………………………………………………… 075
地下宮殿 ……………………………………………………… 072
マルヤンの丘／ビュースポット …………………………… 076
●買う
アート・スタジオ・ナランチャ／アート、雑貨 ………… 077
ウイェ／食品 ………………………………………………… 077
ナダリーナ／チョコレート ………………………………… 079
ボロヴォ／シューズ ………………………………………… 078
●食べる、飲む
クルシュチッチ／パン ……………………………………… 083
コノバ・コルタ／ダルマチア料理 ………………………… 081
ディー・シックスティーン／コーヒー …………………… 083
ノシュトロモ／シーフード ………………………………… 080
ボッケリア・キッチン・アンド・ワインバー／創作料理 … 082
ルクソール・カフェ／ワイン、軽食 ……………………… 082
レストラン・アドリアティック／シーフード …………… 081
●泊まる
プロムナーデ・アパートメント …………………………… 084
ホテル・ペリスティル ……………………………………… 085
ホテル・マルモント ………………………………………… 085
＜日帰り旅＞
▼トロギール
カメルレンゴ要塞 …………………………………………… 089
ジョバニ／コーヒー、スイーツ …………………………… 091
スターリ・トロギール／雑貨、コスメ、菓子 ………… 090
聖ロヴロ大聖堂 ……………………………………………… 089
トラゴス／ダルマチア料理 ………………………………… 091
▼フヴァル島
ザ・ボド・ズープ／クロアチア産食材 …………………… 095
城塞 …………………………………………………………… 092
ダルマティーノ／ダルマチア料理 ………………………… 095
▼シベニク
聖ミカエル要塞 ……………………………………………… 096
聖ヤコブ大聖堂 ……………………………………………… 097
ペシュカリヤ／シーフード ………………………………… 097
▼ザダル
聖ドナト教会 ………………………………………………… 099

聖ストシャ大聖堂 099
ドヴァ・リヴァラ／マグロ、シーフード 099
▼ビシェボ島
青の洞窟 100

Zagreb ザグレブ
●見る、楽しむ
石の門 107
失恋博物館 115
聖母被昇天大聖堂 106
聖マルコ教会 105
ナイーブアート美術館 115
ブディ・ポノサン／サッカーミュージアム 117
ミロゴイ墓地 109
ロトルシュチャック塔 108
●買う
アロマティカ／ナチュラルコスメ 113
ヴィトリナ／クロアチア産食材 113
クロアタ／ネクタイ 118
コザ／皮製品 117
ザグレブ市薬局(石の門店)／薬品、スキンケア 112
ドラツ市場 110
マリア・トムキッチ／ジュエリー 116
ヤスミナ・コサノヴィッチ・アテリエル／アート、雑貨 114
リンク／雑貨 116
●食べる、飲む
アメリー／スイーツ 129
オランジュ・ビストロ・ワインバー／軽食 128
カヴァナ・ラヴ／スイーツ、ワイン 128
ガロ／肉、魚、パスタ 123
クワワ／コーヒー 129
ジンファンデルズ／クロアチア・地中海料理 127
プラッツ・キッチン・アンド・グリル／グリル料理 127
プルゲル／クロアチア家庭料理 126
ボーンシュタイン／ワイン 122
マリ・メド／クラフトビール、郷土料理 125
リビツェ・イ・トゥリ・トチキッツェ
／ダルマチア料理、シーフード 124
●泊まる
エスプラナーデ・ザグレブ・ホテル 130
ホテル・イェーガーホルン 131
メイン・スクエア・オヴァール・アパートメント 131
＜日帰り旅＞
▼プリトヴィッツェ
プリトヴィッツェ湖群国立公園 132
ホテル・イェゼロ 136

リチュカ・クチャ／リカ地方郷土料理 136
▼ラストケ村
ペトロ／レストラン 137
▼スロヴェニア
▼リュブリャナ
ヴォドニコヴ・フラム／スロヴェニア伝統料理 142
カカオ／アイスクリーム、スイーツ 142
スクルボビンツァ／ハンドメイド雑貨 141
ピランスケ・ソリネ／塩、塩製品 140
フランシスコ教会 139
リュブリャナ城 139
ラウラ・エトゥノ・ギャレリヤ／アート雑貨 141
▼ブレッド
アペリティブ・バー・トプリッツェ／軽食、スイーツ 145
聖母被昇天教会 145
ブレッド城 144
▼ポストイナ
プレッドヤマ城 146
ポストイナ鍾乳洞 147
シュコツィアン洞窟群 148

Rovinj ロヴィニ
●見る、楽しむ
聖エウフェミア教会 154
●買う
プロフモ・ディ・ロヴィニョ
／アロマグッズ、フレグランス 154
マリヤ・スミット／バッグ 155
●食べる、飲む
アペリティブ・バー・ツィルコロ
／コーヒー、カクテル 157
コノバ・ユレ／郷土料理 158
スナック・バー・リオ／パスタ、シーフード 160
プントゥリナ／シーフード 159
モロ・グランデ・カフェ・バー／カクテル、コーヒー 160
●泊まる
スピリット・サント・パラッツォ・ストリコ 161
ヘリテージ・ホテル・アンジェロ・ドロ 161
＜日帰り旅＞
▼モトブン
コノバ・モンド／トリュフ料理 163
城壁 163
▼グロジュニャン
カフェ・バー・ヴェロ／コーヒー、ワイン、軽食 164
▼ポレチュ
エウフラシウス大聖堂 165

おわりに

本書をお手に取ってくださりありがとうございます。

2019年の初版出版から5年が経ちました。この間、疫病、戦争、インフレなど、予想もしていなかった事態が次々と起こり、世界は大きく変わりました。クロアチアでは2020年に2度の大きな地震が発生しました。特にザグレブでは多くの歴史的建物が被害を受け、今なお街中のいたる所で修復作業が続けられています。

疫病や震災では、困難な状況の中でも前を向いて支え合うクロアチアの人々の力強さややさしさを改めて目の当たりにしました。また、2023年にシェンゲン協定加盟とユーロ通貨の導入という歴史的な節目を迎え、クロアチアはますます経済発展を遂げています。

その一方、5年間で変わってしまったものも少なくありません。新しい風景が生まれる傍らで、親しまれていたお店が閉店したり、街の雰囲気が少しずつ変わっていったりするのを見て、寂しく感じることもありました。それでも、クロアチアの魅力は変わらず、訪れる人々に感動や最高の思い出を与えてくれます。これからも、移りゆく時代のなかでクロアチアを見つめ、みなさんの心に残る旅のヒントとなるような情報をお届けしたいと思っています。

貴重な機会をくださったイカロス出版、ご縁をくださった坂田さん、最新版を進めてくださった西村さん、そして今回も素敵なデザインに仕上げてくださったFROGの大井さんには感謝の念に堪えません。そして、快く取材に協力してくださったクロアチア、スロヴェニア、ボスニア・ヘルツェゴヴィナ、モンテネグロ各地のみなさん、いつもサポートしてくれる夫、原動力を与えてくれる娘、あたたかく見守ってくれる両親、家族や友達、たくさんの幸せを運んでくれるクロアチアに心から感謝いたします。

私はガイドや旅情報執筆の仕事が大好きです。仕事とはいえ、楽しい旅の時間をご一緒させていただき、みなさんと一緒に美しい景色を目にし、最後に「最高でした！一緒の思い出です」と笑顔で手を振っていただける……私にとって、これ以上幸せな仕事はないと心から思っています。本書をお手に取ってくださったみなさんの多くとは、直接お目にかかる機会がないかもしれませんが、本書を通して、素敵な旅のお手伝いができれば最高にうれしいです。

みなさんのクロアチアの旅が、楽しい思い出いっぱいの旅となりますように！

2024年12月
輝くクリスマスのザグレブより、
いっぱいの感謝を込めて
小坂井真美

旅のヒントBOOK
新たな旅のきっかけがきっと見つかるトラベルエッセーシリーズ　各A5判

◯お問い合わせ：イカロス出版 出版営業部　ikaros.jp/hintbook/

改訂版 ハンガリー・ブダペストへ
夢見る美しき古都
定価1,980円

最新版 ニュージーランドへ
大自然&街をとことん遊びつくす
定価1,870円

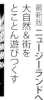
最新版 フィンランドへ
デザインあふれる森の国
定価1,870円

きらめきの国ギリシャへ
定価1,870円

太陽とエーゲ海に惹かれて

最新版 ナポリとアマルフィ海岸周辺へ
魅惑の絶景と美食旅
定価1,980円

美食の街を訪ねて スペイン&フランス バスク旅へ 最新版
定価1,980円

BEER HAWAI'I ～極上クラフトビールの旅～ ハワイの島々
定価1,760円

タイ・プーケットへ
遊んで、食べて、癒されて
定価1,650円

最新版 スリランカへ
五感でたのしむ輝きの島
定価1,980円

素敵でおいしい メルボルン&野生の島タスマニアへ 最新版
定価1,980円

南フランスの休日 プロヴァンスへ 最新版
定価1,980円

愛しのアンダルシアを旅して 南スペインへ
定価1,870円

改訂版 トルコ・イスタンブールへ
エキゾチックが素敵
定価1,980円

太陽と海とグルメの島 シチリアへ 最新版
定価1,870円

ダイナミックな自然と レトロかわいい町 ハワイ島へ
定価1,980円

かわいいに出会える旅 オランダへ 最新版
定価1,760円

最新版 ダナン&ホイアンへ
癒しのビーチと古都散歩
定価1,980円

絶景とファンタジーの島 アイルランドへ 最新版
定価1,870円

ロシアに週末トリップ! 海辺の街 ウラジオストクへ
定価1,650円

甘くて、苦くて、深い 素顔のローマへ 最新版
定価1,760円

最新版 スウェーデンへ
ストックホルムと小さな街散歩
定価1,980円

食と雑貨をめぐる旅 悠久の都ハノイへ 最新版
定価1,870円

芸術とカフェの街 オーストリア・ウィーンへ
定価1,760円

レトロな街で食べ歩き! 古都台南へ&ちょっと高雄へ 最新版
定価1,760円

※定価はすべて税込価格です。(2025年2月現在)

小坂井真美 Mami Kosakai

1988年生まれ。関西大学総合人文学科卒業後、2013年よりザグレブ在住。クロアチア政府公認ガイド。クロアチアおよび中欧の観光業、撮影コーディネート業に携わる。「最高の旅の思い出づくりのお手伝いをしたい」という想いを胸に、クロアチアの観光情報サイト「クロたび」を運営。現地より観光情報や暮らしの様子などを日々発信している。著書に「旅するクロアチア語」(三修社)がある。

クロたび crotabi.com

文・写真	小坂井真美
デザイン	大井綾子(FROG)
マップ	ZOUKOUBOU
編集	西村　薫(最新版)
	坂田藍子(初版)

最新版 クロアチアへ
──アドリア海の素敵な街めぐり

2025年3月20日 初版第1刷発行

著者	小坂井真美
発行人	山手章弘
発行所	イカロス出版株式会社
	〒101-0051 東京都千代田区神田神保町1-105
	tabinohint@ikaros.jp(内容に関するお問合せ)
	sales@ikaros.co.jp(乱丁・落丁、書店・取次様からのお問合せ)
印刷・製本所	シナノパブリッシングプレス

乱丁・落丁はお取り替えいたします。
本書の無断転載・複写は、著作権上の例外を除き、著作権侵害となります。
定価はカバーに表示してあります。
©2025 Mami Kosakai All rights reserved.
Printed in Japan　ISBN978-4-8022-1557-2

旅のヒントBOOK
SNSをチェック!

※海外への旅行・生活は自己責任で行うべきものであり、本書に掲載された情報を利用した結果、何らかのトラブルが生じたとしても、著者および出版社は一切の責任を負いません。